KB234304

금융시장 흐름 읽는 법

금융시장 흐름 읽는 법

지승훈 지음

이코_북
Eco. BooK

금융시장을 항해하기 위한 나침반

"금융시장이 무엇입니까?"

"금융시장은 강(江)이다. 강은 사람과 물건을 실어 나르고 서로 교환하게 도우며, 바다로 흘러 들어간다."

"바다는 무엇입니까?"

"바다는 세계 금융시장이다. 드넓은 바다는 세계를 하나로 묶는다."

금융시장에 입문한 제자의 질문에 대한 현자(賢者)의 답변이다.

이 책은 금융시장이라고 하는 강에 대한 이해를 돕고자 했다. 금융시장이 어떻게 흐르는지, 무엇을 실어 나르는지, 어떤 것들이 교환되는지에 대한 지식과 정보를 담았다.

먼저 금융시장이라는 강에 대한 정의와 그것을 움직이는 거시경제 이야기로부터 시작한다. 금융시장의 탐사를 위해 필요한 기본적인 장인 셈이다. 이어서 채권·외환·주식 시장 순으로 각 시장의 이해를 돕기 위한 핵심 내용이 실려 있다. 금융시장 가운데 중심이 되고 가장 많은 것을 실어 나르는 채권시장에 대한 기초이론과 용어, 개념이 독자들의 이해를 도와줄 것이다.

그 다음엔 각국 통화(화폐)가 거래되고 교환되는 시장, 즉 외환시장에 대한 기본기를 익히는 장이다. 환율 결정의 메커니즘과 환율 변동의 주요인, 환율과 이자율 간의 관계 등의 내용이 담겨 있다. 그 다음 주식시장은 주식시장 이론 가운데 실무적이고 실용적인 내용만을 정리했다. 조금 어렵게 느낄 수도 있겠지만 주식시장에 관한 기본 이론을 한번 정리해봄으로써 투자의 기본기를 다질수 있다.

마지막으로는 이제까지 언급한 금융시장을 망라해 금융 변수들

간의 양면성과 해석에 관한 유의점이 정리됐다.

　금융시장은 정의하기 쉽지 않은 광범위하고 추상적이며 복잡한 대상임이 틀림없다. 또한 그 안에서 작동되는 삼라만상, 또 상호 어우러져 일어나는 현상들, 그 변수들 간의 관계를 구명하는 일은 아직도 학계와 금융계에서 연구되고 있다.

　금융시장이 간단히 정리되고 풀이되기 어려운 이유는 무엇보다 금융시장 자체가 계속 진화하고 발전하는 생명력 있는 존재라는 점에 있다. 또한 머릿속에 개념적으로 와 닿지 않는 까닭은 그 범주에 너무 많은 것들이 섞여 있고 광범위하며 추상적이고 관계가 불명확하면서 혼돈스럽기 때문이다. 그럼에도 금융시장은 우리의 실생활과 밀접하게 연계돼 있고 생활의 한 부분을 차지해 멀리할 수도, 외면할 수도 없다.

금융시장이라는 거대한 스크린 뒤에 있는 실물경제는 우리의 생활 자체이기도 하거니와 물가·화폐 및 경기와 관련한 각종 경제지표는 날마다 뉴스거리가 되고, 금융시장의 움직임은 우리의 일상을 괴롭히기도 하며 엄청난 기회를 주기도 한다.

우리는 무심코 채권 거래를 하고 외화를 바꾸며 주식을 사고판다. 늘 일상적으로 금융시장과 연관된 의사결정을 하며 살아가는 것이다. 어떤 예금을 들까, 어떤 조건의 대출을 받을까, 어떤 금융기관과 거래를 할까, 어떤 신용카드를 사용할까, 어떤 유형의 보험에 가입할까, 어떤 펀드를 살까, 대출을 받을까 적금을 해약할까 등의 의사결정 말이다.

이 책은 순수하게 금융시장에 대한 이해를 돕는 데 초점을 맞추고 있다. 비록 새롭고 현란한 재테크 기법에 관한 내용은 아닐지라도 충실한 이론과 현실적인 실례를 통해 금융시장에서 만날 수 있는 각종 문제를 푸는 데 지혜롭고 합리적인 판단을 내릴 수 있도록 돕는다. 모든 세상사가 그러하듯 금융시장에서도 기본에 충실하는 것이야말로 가장 기본이 된다.

금융시장에서 훌륭한 테크닉을 얻고 성공적인 의사결정을 희망하는 사람들에게 이 책을 권한다. 금융시장에서 활용되는 화려한 기법을 익히기에 앞서 금융시장의 범주 안에 있는 각종 의사결정 대상들에 대해 정확한 개념을 잡고, 더욱 깊이 있는 이해력을 갖추는 것이 필요하다. 기본기를 닦는다는 여유 있는 마음으로 이 책을 일독하여 금융시장에서 모두 성공할 수 있기를 바라는 마음이다.

2006년 8월

피데스투자자문 부사장 **김한진**

금융시장은 살아 있다

요즘 금융시장에 관한 일반인들의 관심이 부쩍 높아졌다. 과거에는 경제에 대한 관심이 경기의 큰 흐름에 있었다면, 이제는 금융시장으로 좁혀진 모습이다.

1997년 외환위기 이후 경제에 미치는 금융시장의 영향이 커지기도 했지만, 자산관리를 하는 데 금융시장의 이해가 더욱 절실해졌기 때문일 것이다. 저금리로 인해서 추가적인 수익을 얻기 위해 많은 노력이 필요하고, 빠르게 진행되는 노령화로 인해서 일찍부터 노후 설계를 시작해야 하는 현실 때문에 금융 지식은 현대를 살아가는 우리에게 필수 지식이 됐으며, 앞으로도 그 중요성은 더욱 강조될 수밖에 없다.

거대한 자금이 순환하는 금융시장은 국민경제와 동떨어진 고립된 시장이 아니다. 물가 상승은 채권시장에 영향을 미치며, 이는 다시 외환시장과 주식시장의 변화를 가져온다. 또한 외환시장의 변화가 주식시장에 영향을 미치고, 이는 정부의 금융 정책에 반영된다.

이러한 시장 변화는 우리가 소비를 할지 저축을 할지, 그리고 어디에 투자해야 할지를 결정하는 데 자료가 된다. 한쪽의 변화가 다른 한쪽의 변화를 불러오고, 궁극적으로 우리의 소비 및 투자 결정에 영향을 주기 때문에 금융시장의 쟁점은 우리의 일상생활과 밀접한 관련을 맺고 있는 것이다. 따라서 아침저녁으로 보도되는 금융시장 쟁점에 관한 뉴스는 단지 금융 관련 종사자만의 관심사가 아니다.

금융통화위원회에서 콜금리를 0.25%포인트 인상했다면 집을 사려는 사람에게는 유리할까, 불리할까? 금리 인상은 주식시장에 어떤 영향을 미칠까? 나아가 주식투자를 쉬어야 할까, 투자 규모를 늘려야 할까? 원·달러 환율이 하락하고 있다면 자녀의 해외 유학 자금은 언제 보내는 것이 좋을까?

이 책은 이러한 의문에 답을 찾아보고자 했으며, 나아가 국민경제와 금융시장 간의 관계에 대한 이해의 틀을 제공함과 동시에 투자에 도움을 주고자 했다.

이 책은 먼저 금융시장과 금융기관이 어떻게 움직이는지를 살펴보고, 금융시장에 영향을 미치는 몇 가지 중요한 거시경제지표를 알아본다. 그리고 채권시장, 외환시장, 주식시장 등 금융시장을 분석한다.

이들 시장 분석에서는 각 시장의 고유한 논리뿐 아니라 금융시장과 거시경제지표 간의 상호작용에 초점을 맞춰 거시경제지표가 금융시장에 영향을 미치는 경로 및 그로 인해 나타나는 현상을 쉽게 이해할 수 있도록 정리했다.

금융시장을 설명하면서 불가피하게 몇 가지 공식이 포함됐다. 공식이 익숙지 않은 독자에게는 오히려 읽는 데 걸림돌이 될 수도 있지만, 공식은 이해를 돕고 간결한 논리 전개에 많은 도움을 준다. 물론 금융시장 이해에 필요한 가장 핵심적인 공식만을 제시했고, 공식의 의미를 상세히 설명했기 때문에 체계적인 학습이 되어 있지 않은 독자라도 이해하는 데 큰 어려움은 없을 것이다.

끝으로 이 책이 보편적이고 이론적인 틀을 제공해, 독자들이 금융시장에서 합리적인 의사 결정을 하는 데 도움이 되길 바란다.

그리고 책의 편집 과정에서 바쁜 리서치 활동 속에서도 더욱 쉽고 정확한 표현을 위해 많은 노력을 기울여준 NH증권 리서치센

터의 김종수 연구원에게 감사드린다. 또한 아빠가 원고를 정리하
는 동안 컴퓨터 오락을 참아준 민욱, 민영에게 사랑한다는 말을
전한다.

2006년 8월

지승훈

나는 큰돈을 벌기 위해서는 시장의 큰 흐름을 따라야 한다는 사실을 점차 깨닫기 시작했다. 즉, 시장이 큰 움직임을 나타내는 충격의 발단이 무엇이든 간에, 시장의 지속적인 움직임은 세력들의 주가조작이나 재정전문가들에 의한 인위적인 시장 개입에 의해서가 아니라 경제 전반의 기본적인 상황으로 인해 발생하기 때문이다.

에드윈 르페브르(Edwin Lefevre)의

《월스트리트의 주식투자 바이블》 중에서

1

금융시장이란

채권시장(Bond Market), 주식시장(Equity Market) 등 금융시장 (Financial Market)과 은행, 보험회사 등 금융 중개기관(Financial Intermediation)은 자금의 여유가 있는 사람한테서 부족한 사람에게 연결해주는 기능을 수행한다. 돈을 빌려주는 대부자에게서 돈을 꾸는 차입자로 연결되는 경로는 직접금융(Direct Financial)과 간접 금융(Indirect Financial)으로 구분할 수 있다. 직접금융은 차입자가 금융시장에서 증권을 판매함으로써 직접 자금을 마련한다. 증권이 란 차입자의 미래 소득이나 자산에 대한 청구권을 말한다. 증권을 매입한 사람에게는 자산이 되지만, 판매한(발행한) 개인이나 기업 에는 부채가 된다.

예를 들어 현대자동차가 하이브리드 자동차 개발을 위해 자금을 차입해야 한다면, 채권을 판매해 자금을 마련할 수 있다.

대부자에게서 차입자로 자금을 전달하는 시장, 즉 금융시장이 경제에서 왜 그렇게 중요할까? 이에 대한 답은 대부자가 투자 기회를 가진 기업가, 즉 차입자가 아니라는 데 있다. 돈과 기술 모두를 가지고 있는 사람은 드물다. 보통 이 두 가지 중 하나만을 가지고 있다. 1억 원의 퇴직금을 받은 사람을 생각해보자. 이 사람은 퇴직금을 가지고 무엇을 할까 고민한다. 사업을 할 수도 있지만, 적절한 아이템(Item)이 없다면 높은 이자 수익을 바라며 돈을 빌려줄 것이다. 이때 당사자끼리 직접 주고받을 수도 있지만, 일반적으로 금융기관을 통한 간접 방식으로 이뤄진다.

한편 돈을 받은 금융기관은 기술은 있지만 사업 자금이 부족한 사람에게 돈을 빌려준다. 결국 우리가 저축을 한다는 것은 기업에 돈을 빌려주는 행위와 같다. 만일 내가 1,000만 원이 있지만 금융시장이 존재하지 않아 차입과 대출이 불가능하다고 가정해보자. 예금으로 이자를 받을 수 있는 투자 기회가 없다면 1,000만 원을 가지고 있을 뿐 별다른 소득은 없을 것이다. 그러나 A는 1,000만 원을 생산적으로 사용함으로써 매년 20만 원을 벌 수 있다고 하자. 그러면 나는 A에게 대여 수수료(이자)를 받고 1,000만 원을 빌려줄 수 있으며, 이는 나와 A 모두에게 이익이 된다. 금융시장이 존재하지 않다면 나와 A는 결코 만나지 못했을 것이다. 금융시장이 없다면 투자 기회가 없는 사람에게서 투자 기회를 가진 사람에게 자금을 전달하기 어렵다. 이렇게 금융시장은 자본의 효율적 배분에 결정적인 구실을 하며, 경제 전반의 생산성과 효율성에 기여한다.

금융시장이 제 기능을 다하면 국가는 높은 경제성장을 구가하는 반면, 그렇지 못할 때는 혼란에 빠질 수 있다. 대표적인 사례가 멕시코(1994~1995년), 동아시아(1997~1998년), 아르헨티나(2001~2002년) 등에서 발생한 금융위기다. 동아시아 금융위기 당시 우리나라도 IMF 구제 금융을 신청하는 등 경제 전반에 걸쳐 상당한 어려움을 겪었다.

금융시장의 분류

자금의 여유가 있는 사람에게서 부족한 사람에게 전달하는 기능을 수행하는 금융시장은 자금중개 방법에 따라 다음과 같이 몇 가지로 분류할 수 있다.

❶ 채권시장과 주식시장

기업이나 개인은 크게 두 가지 방법으로 금융시장에서 자금을 조달한다. 가장 일반적인 방법은 채권과 같은 채무증서를 발행하는 것이다. 채무증서는 채권자가 채무증서의 보유자에게 최종 지불이 일어나는 특정 기간(만기)까지 규칙적인 기간마다 일정 금액(이자와 원금)을 지불하기로 한 계약상 동의다. 만기가 1년 이하이면 단기, 1~10년이면 중기, 10년 이상이면 장기라고 한다.

또 다른 방법은 주식을 발행하는 것이다. 주식은 만기일이 없기 때문에 장기증권으로 간주되며, 주식 보유자에게 정기적인 배당을 한다. 주식 소유에 따른 장점은 기업의 이윤이나 자산가치의 증가로 직접 이득을 얻는다는 것이다. 이는 주식이 주식 보유자에게 소유권을 부여하기 때문인데, 채권자는 지급받는 것이 고정되어 있어 이러한 이익분배에 참여할 수 없다. 하지만 주식 보유자는 잔여청구권자(Residual Claimant)이기 때문에 만일 기업이 부도가 났다면 아무런 보상도 받지 못할 수 있다.

❷ 발행시장과 유통시장

발행시장(Primary Market)은 자금을 차입하는 기업이나 정부기관이 채권·주식 등 증권을 최초 매수자에게 판매하는 시장이며, 유통시장(Secondary Market)은 기존에 발행된 증권이 거래되는 시장을 말한다. 발행시장은 일반인들에게 잘 알려져 있지 않다. 증권을 최초 매수자에게 판매하는 것은 종종 비공개로 이뤄지기 때문이다. 증권사(미국의 경우 투자은행, Investment Banking)는 발행시장에서 증권의 최초 판매를 도와주는 주요한 금융기관이다. 유통시장은 한국증권선물거래소(KSE)와 뉴욕증권거래소(NYSE) 등을 말하며, 외환·선물·옵션 시장 등도 그 한 예다.

자금의 차입은 발행시장에서 결정되기 때문에 기업의 처지에서는 유통시장보다 발행시장이 더 중요하다. 기업은 발행시장에서 증권이 처음 판매될 경우에만 새로운 자금을 얻기 때문이다. 개인이 유통시장에서 주식을 매수할 때 주식을 발행한 기업은 새로운 자금을 얻지 못한다. 하지만 일반적으로 언론이나 학계에서는 발행시장보다 유통시장에 더 주목한다. 이유는 유통시장이 현금을 조달하기 위한 주식이나 채권을 쉽고 빠르게 매매해주기 때문이다. 다시 말하면 기업이 발행한 주식에 유동성을 부여해 발행 기업이 발행시장에서 증권을 판매하기가 더욱 쉬어진다.

또한 유통시장은 기업이 발행시장에서 판매하는 증권의 가격을 결정한다. 물론 발행시장에서 1차적인 가격이 결정되지만, 이러한 가격은 수많은 투자자들의 예상 및 전망에 근거한 시장가격에 비해 가격의 신뢰성이 결여되게 마련이다. 결국 유통시장에서의 가격이 신뢰성 있는 가격이라 볼 수 있으며, 유통시장에서 증권가격

이 높을수록 기업이 발행시장에서 받는 신규 증권의 가격은 높고
결국 조달 규모도 커질 수 있는 것이다.

3 단기금융시장과 자본시장

각각의 시장에서 거래되는 증권의 만기에 따라 단기금융시장
(Money Market)과 자본시장(Capital Market)으로 구분할 수 있다. 단
기금융시장이란 단기 채무증서(일반적으로 만기 1년 이하)가 거래되
는 시장을 말한다. 단기증권은 가격 변동이 적어 안전한 투자 수단
으로 인식되며, 장기증권보다 유동성이 높은 경향이 있다. 따라서
기업과 은행은 일시적인 잉여자금에 대한 이자소득을 얻기 위해
단기금융시장을 이용한다. 자본시장은 장기 채무증서(일반적으로
만기 1년 이상)와 주식이 거래되는 시장을 말하며, 장기적인 자금을
운용하는 기관이 주로 이용한다.

금융 중개기관의 기능

자금이 대부자한테서 차입자에게 연결될 때 금융 중개기관의 개입 여부에 따라 직접금융과 간접금융으로 구분할 수 있다. 직접금융이란 차입자가 증권(금융 수단)을 판매함으로써 금융시장에서 자금을 차입하는 것을 말하며, 간접금융은 금융 중개기관이 개입해 대출자와 차입자를 연결해주는 것을 말한다. 이때 금융 중개기관을 통한 간접금융의 과정은 자금이 대부자에게서 차입자로 전달되는 중요한 경로가 된다.

금융 중개기관은 대부자, 저축자에게서 자금을 차입해 차입자, 지출자에게 빌려주는 기능을 수행한다. 예를 들어 은행은 저축예금의 형태로 일반인들에게 자금을 차입하여 일반 기업에 대출해준다. 그 결과 금융 중개기관, 즉 은행의 도움으로 자금이 민간(저축자, 대부자)에게서 일반 기업(차입자, 지출자)으로 이동된다.

언론에서는 주식시장과 같은 증권시장에 더 많은 관심을 보이지만 기업에는 금융 중개기관이 증권시장보다 주요한 자금 조달의 원천이다. 한 연구에 따르면 미국, 캐나다, 영국, 일본, 이탈리아, 독일, 프랑스 등 주요 선진국에서는 기업이 자금을 얻고자 할 때 일반적으로 증권시장에서 자금을 조달하는 직접금융 방식보다 금융 중개기관을 통한 간접금융으로 자금을 조달하는 규모가 더 크다고 한다.

상대적으로 증권시장의 의존도가 매우 낮은 일본과 독일에서는 금융 중개기관으로부터의 자금 조달 규모가 증권시장보다 대략 10배 많으며, 세계에서 증권시장이 가장 발달한 미국과 캐나다에서도 기업의 자금 조달에 금융 중개기관의 대출 비중이 증권시장보다 높은 것으로 나타나고 있다. 이는 주식이 기업들이 자금을 조달하는 중요한 원천은 아니며, 간접금융이 직접금융에 비해 더욱 중요하다는 사실을 말해준다. 다시 말하면 은행 대출이 기업의 자금 조달에 가장 주요한 원천이라는 것이다. 미국에서도 평균적으로 은행 대출이 주식에 비해 4배 이상 자금을 공급한다고 한다.

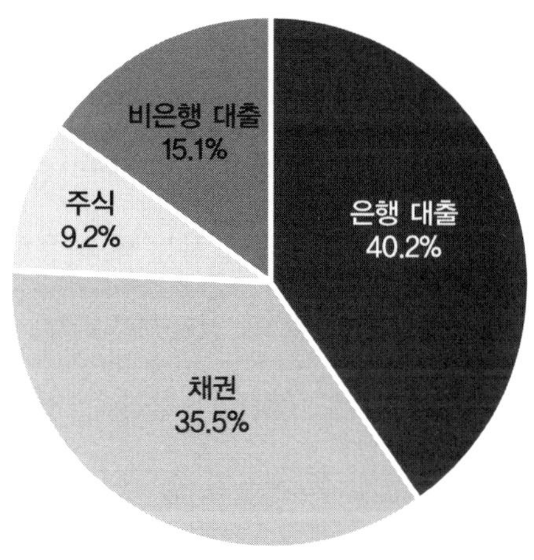

〔그림 1-1〕 미국 비금융 기업의 외부 자금 조달 비율

금융 중개기관의 개입으로 불편해 보일 것 같은 간접금융이 더욱 중요한 이유는 다음과 같다. 첫째, 거래 비용(Transaction Cost)이 낮아진다. 거래 비용이란 금융 거래를 수행하는 데 드는 시간과 돈을 말한다. 금융 중개기관은 규모의 경제(Economic of Scale)에 이점이 있기 때문에 소액 저축자의 자금을 생산적인 투자 기회를 가지고 있는 사람에게 제공하는 것이 가능하다. 금융 중개기관이 없다면 소액 저축자는 장래가 유망한 기업에 대출해줄 기회가 없을지도 모른다.

둘째, 위험 분담(Risk Sharing)이라는 과정을 통해 투자자가 위험(Risk)에 노출되는 것을 줄여준다. 즉, 사람들이 안심할 정도의 위험을 가진 상품을 개발해 판매한다. 그리고 이러한 상품을 판매해 얻은 자금을 위험이 높은 상품을 구입하는 데 사용한다. 금융 중개 기관은 위험 자산으로 벌어들일 수 있는 수익금과 판매하는 상품에 대한 지급금 간의 스프레드에서 이윤을 얻는 것이다. 또한 소액이기 때문에 소수의 제한된 투자만 할 수밖에 없는 단점을 해결해 줄 수 있다.

셋째, 정보의 비대칭성(Asymmetric Information)을 완화한다. 금융시장에서 정확한 결정을 내리는 데 상대방에 대해 정보를 충분히 가지고 있지 못할 때가 있다. 이를 정보의 비대칭성이라 하는데, 차입자의 사업의 장·단기 전망은 어떠한지, 위험은 어느 정도인지 등에 대한 정보를 개인보다 은행이 더 많이 가지고 있다고 봐야 할 것이다. 정보의 부족으로 인해 금융 시스템에서는 금융 거래가 발생하기 전후에 문제가 발생한다.

역선택(Adverse Selection)은 거래가 발생하기 전에 정보의 비대칭성으로 인해 발생하는 문제로, 단순히 금융시장만의 문제는 아니다. 예를 들어, 중고차를 파는 사람은 사려는 사람보다 자동차의 문제에 대해 더 잘 안다. 일반적으로 나쁜 중고차를 가진 사람이 좋은 중고차를 가진 사람에 비해 차를 팔 가능성이 더 높다. 따라서 중고차를 구입하려는 사람은 겉만 멀쩡한 차를 살 위험을 느끼기 때문에 중고차 시장에서 차를 사기 꺼린다.

또한 건강보험에 가입하려는 사람은 보험회사보다 자신의 건강 상태를 더 잘 알고 있다. 그런데 눈에 드러나지 않는 문제를 지닌 사람들이 건강보험에 가입할 가능성이 많기 때문에 보험회사는 평균보다 건강 상태가 나쁜 사람을 기준으로 보험료 수준을 책정한다. 따라서 건강이 좋은 사람은 건강보험에 가입할 유인이 적다.

이런 거래가 정보의 비대칭성으로 인해 일어나는 문제인데, 금융시장에서 역선택은 바람직하지 않은 결과를 불러올 가능성이 높은 잠재적인 차입자가 가장 적극적으로 대출받기를 원함으로써 이들이 선택될 가능성이 높아질 때 발생한다. 역선택으로 인해 신용 위험이 큰 불량자에게 대출될 가능성이 높아지기 때문에 대출자는 시장에 신용 위험이 적은 사람이 존재함에도 어떠한 대출도 하지 않기로 결정할 수 있다.

정보의 비대칭으로 인한 문제는 거래가 발생한 후에 일어나는 도덕적 위험(Moral Hazard, 도덕적 해이라고도 한다)도 있다. 그 예를 보자.

- 화재보험에 가입한 주택 소유자는 집 안에 소화기를 잘 배치해놓지 않는다. 소화기 구입 비용은 집주인이 부담하지만 그로 인한 이득은 주로 보험회사가 차지하기 때문이다.
- 보모는 부모가 원하는 것보다 아이가 텔레비전을 많은 시간 보도록 내버려둔다. 교육적인 놀이를 유도하는 것이 아이에게는 이득이지만, 보모의 처지에서는 힘이 들기 때문이다.

금융시장에서 도덕적 위험은 차입자가 바람직하지 않은(비도덕적인) 행위를 하여 대출의 상환 가능성이 낮아질 위험(Risk 또는 Hazard)이다. 예를 들어 차입자는 큰 위험, 즉 높은 수익이 가능하지만 파산할 위험이 큰 사업을 할 수 있다. 이러한 도덕적 위험으로 인해 대출의 상환 가능성이 낮아지기 때문에 은행은 차라리 대출을 하지 않을 수 있다.

역선택과 도덕적 위험은 금융시장이 제 기능을 발휘하는 데 커다란 장애가 된다. 역선택과 도덕적 위험이 증가하면 금융기관은 대출을 중지하고 기존 대출금을 회수하려 든다. 그렇게 되면 멀쩡한 기업에도 대출이 힘들어지며, 나아가 정상적인 영업활동을 하고 있는 기업도 대출 상환 요구로 자금 압박을 받을 가능성이 있다. 특히 대출 감소는 은행 대출에 대한 의존도가 높은 중소기업에 더욱 큰 영향을 미친다.

금융위기란 금융시장이 대규모로 붕괴해 자산가격이 급격히 하락하고 금융기관과 비금융 회사가 연쇄적으로 도산하는 것을 말하는데, 이러한 금융위기는 금융 시스템이 붕괴됨에 따라 금융시장에서 역선택과 도덕적 위험이 매우 심각해져 금융시장이 저축자로부터 생산적인 투자 기회를 가진 사람에게 자금을 효율적으로 전달할 수 없을 때 발생한다. 결국 역선택과 도덕적 위험의 증가는 기업의 투자 활동을 위축시키고, 금융시장이 효율적으로 작동할 수 없게 만들어 전반적인 경제활동을 축소시킨다.

역선택, 도덕적 위험 증가 → 대출 감소 및 대출 상환 → 투자 감소 → 경제활동 축소

금융 중개기관은 이러한 역선택과 도덕적 위험 문제를 완화할 수 있다. 금융기관의 전문성은 신용 위험이 좋은 사람과 나쁜 사람을 판별해 역선택으로 인한 손실을 줄이고, 나아가 대출받은 사람을 감시해 도덕적 위험으로 인한 손실을 줄이는 데 있다.

금융 중개기관은 거래 비용을 낮추고 위험 분담을 촉진하며, 정보 문제를 해결함으로써 경제에 중요한 기능을 수행한다. 또한 생산적인 투자 기회를 가진 사람에게 자금을 중개해줘 경제의 효율성을 높인다. 이러한 금융 중개기관이 없다면 경제가 잠재력을 발휘하기 어려울 것이다. 한 연구에 따르면, 개발도상국과 체제 전환국(러시아 등 과거 공산주의국가)이 낮은 성장률을 보인 주요한 이유는 금융 시스템이 발전하지 못한, 이른바 금융 억압(Financial Repression) 상태에 있었기 때문이라고 한다. 특히 민간 금융기관이 아닌 정부 지시에 의한 대출은 역선택과 도덕적 위험을 높여 낮은 투자와 낮은 성장률로 연결됐다.

금융시장 이해를 위한 개념

① 기대수익률

우리는 투자하기에 앞서 돈을 얼마나 벌 수 있을지에 대해 기대한다. 이를 기대수익률(Expected Rate of Return)이라 하며, 다음과 같이 두 가지로 구분할 수 있다.

기대수익률＝시간에 대한 보상＋위험에 대한 보상

첫째, 시간에 대한 보상이다. 이는 기다림에 대한 보상이라 할 수 있다. 현재의 소비를 줄이고 미래를 위해 저축하는 것 등이 이에 속한다. 둘째, 위험에 대한 보상이다. 이는 적극적인 투자에 대한 보상이다. 안전한 은행 상품에 대한 투자보다 주식이나 부동산 등과 같이 변동성이 큰 상품에 투자한 데 대한 보상이다. 위험이 큰 상품에 투자를 하는데 안전한 상품 정도의 보상밖에 되지 않는다면 누구도 이런 투자를 하지 않을 것이다. 주식형 펀드가 은행의 정기예금에 비해 기대수익률이 높은 이유도 주식형 펀드에는 시간에 대한 보상과 위험에 대한 보상이 모두 포함되기 때문이다.

만일 안전한 상품에 투자를 한다면 우리가 기대할 수 있는 수익은 시간에 대한 보상뿐이다. 은행의 3개월 정기예금 이율이 4.5%라고 한다면 4.5%를 넘어선 수익은 기대할 수 없다. 그런데 시간에 대한 보상은 확실하다. 우리가 사전적으로 기대하는 수익이 현실화될 가능성이 매우 큰 것이다. 이때의 수익률을 위험이 없다는 의미에서 무위험 수익률(Risk Free Rate)이라 말한다.

하지만 위험에 대한 보상은 불확실하다. 주식형 펀드의 기대수익률이 10%라고 할 때, 이 수익률이 현실화될 가능성은 불확실하다. 즉, 만기 시점에야 정확한 수익률을 알 수 있다는 말이다. 위험에 대한 보상이 불확실하다는 것, 이를 리스크라 한다. 결국 시간에 대한 보상을 넘어선 기대수익률을 제시하는 상품이 있다면 잠재적인 리스크가 내재되어 있다고 봐야 한다.

② 리스크 또는 위험

리스크는 '뱃심 좋게 도전하다(to dare)'라는 의미를 가진 이탈리아어 Risicare에서 유래됐는데, 투자에서 리스크는 기대수익률에 대한 불확실성(Uncertainty)을 뜻한다. 사전에 기대했던 수익이 실현되지 못할 가능성을 의미하는 것이다. 그런데 리스크는 기대수익과 상충관계에 있다. 리스크가 크면 기대수익도 높지만, 리스크가 적으면 기대수익도 낮다는 말이다. 이렇게 보면 리스크와 기대수익은 투자에서 동반자인 셈이다.

리스크는 금융상품마다 다른데, 주식은 채권에 비해 리스크가 크다. 주식이 채권보다 미래 기대수익의 불확실성이 크다는 것이다. 채권 중에서 국가가 발행한 단기채권, 미국의 T-bill과 같은 채권은 리스크가 없다는 의미로 무위험 채권(Risk Free Bond)이라 말하며, 이때의 이자율을 무위험 이자율(Risk Free Rate)이라 한다. 주식 투자자의 이른바 '더블(Double)' 욕심은 미래 기대수익의 불확실성에 대한 보상에서 비롯된 것이다.

주식투자에 따른 리스크는 비체계적 위험(Unsystematic Risk)과 체계적 위험(Systematic Risk)으로 구분된다. 비체계적 위험이란 경영자의 교체 및 파업 등과 같은 기업 고유의 리스크를 말하며, 체계적 위험이란 세계적인 경기침체 등과 같은 주식시장 전체에 영향을 미치는 리스크를 말한다. 비체계적 위험은 달걀을 한 바구니에 담지 않은 분산투자를 통해 낮출 수 있다. 그러나 체계적 위험은 분산투자로도 제거할 수 없다. 주식시장에 있는 모든 주식을 담는 바구니도 위험하다는 말이다.

미래를 완벽하게 예측할 수 있다면 투자에 따른 리스크는 없을 것이다. 그러나 우리가 신이 아닌 한 결코 미래를 완벽하게 예측할 수는 없다. 따라서 과거 경험을 토대로 리스크를 측정한다. 리스크

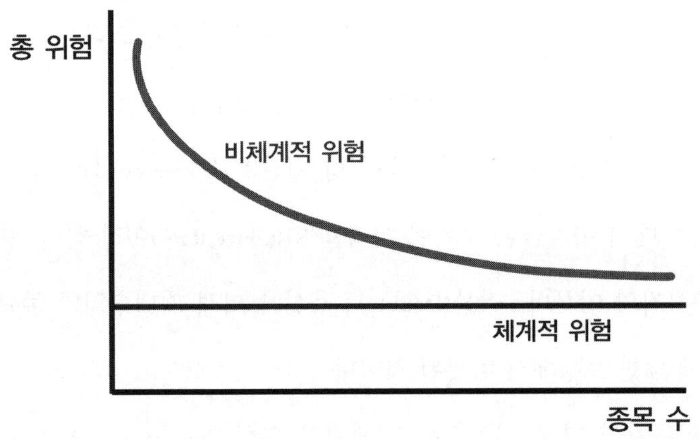

〔 그림 1-2 〕 체계적 위험과 비체계적 위험

는 표준편차(Standard Deviation)로 측정한다. 표준편차란 평균에서 멀어지는 정도를 말하며, 금융 분야에서 리스크는 대부분 표준편차로 측정한다. 리스크 측정 방법은 이 책의 범위를 넘어서는 것이므로 설명을 생략하기로 한다.

리스크를 측정하는 이유는 미래의 위험에 대비하려는 목적도 있지만, 리스크에 상응하는 적절한 기대수익을 알아보기 위한 것도 있다. 즉, 어떤 투자를 할 때 내가 짊어질 리스크에 상응하는 기대수익이 뒤따르는가 하는 점을 알아보기 위한 것이다. 그런데 만약 리스크는 큰 반면 기대수익이 적은 투자를 선택하는 투자자가 있다면 이는 바보라고 볼 수밖에 없다. 리스크는 크지만 기대수익이 적은 게임은 도박이다. 리스크와 기대수익은 정(+)의 관계에 있다. 리스크가 크다면 당연히 기대수익도 많아야 하는데, 리스크는 작으나 기대수익이 큰 투자를 제안받는다면 이는 사기일 가능성이 크다. 때때로 위험이 없으면서 고수익을 보장한다는 광고를 심심치 않게 볼 수 있는데, 이는 반드시 의심해봐야 한다. 결국 고수익 고위험, 또는 저수익 저위험만이 우리의 선택 영역일 수밖에 없다.

그러면 리스크를 어떻게 받아들여야 할까? 수익을 얻기 위해서는 이에 부합하는 적절한 리스크를 감당해야 하므로 리스크를 완전히 제거하는 방법은 없다. 리스크를 완전히 제거한다는 것은 수익을 얻지 않겠다는 의미와 같기 때문이다. 또한 낮은 리스크로 높은 수익을 기대한다는 것도 불가능하다. 반면 높은 리스크를 감당하면서 수익이 적은 선택을 하는 것은 지식이 모자라기 때문이며, 따라서 부단한 연구가 필요하다. 손해를 보지 않기 위해 똑똑해져야 한다는 것이다.

우리의 선택을 정리하면 '분수를 알자', '똑똑해지자'는 것이다. 리스크에 걸맞지 않은 무리한 수익을 기대할 필요도 없으며, 수익이 뒤따르지 않는 리스크를 짊어질 필요도 없다. 항상 리스크에 상응하는 수익을 기대하는 것이 합리적인 선택이다.

리스크와 기대수익 간의 관계는 기업이라고 하여 다르지 않다. 특히 리스크는 금융회사 수익의 원천이다. 금융회사는 리스크를 다루는 것이 본업이므로 리스크 관리에 상당한 투자를 한다. 금융회사가 리스크를 관리한다는 것은 결국 수익을 관리한다는 의미다. 리스크는 제거 대상이 아니라 관리 대상이다. 피터 번스타인(Peter Bernstein)은 리스크에 대해 "리스크를 관리하는 능력, 그리고 그와 함께 리스크를 감수하고 앞을 내다보는 선택을 하고자 하는 욕구, 이 두 가지가 결국 경제체제를 발전시키는 핵심 요소인 셈이다."(《리스크(Against the Gods)》, 1997년, 한국경제신문사)라고 말했다.

이 글은 1998년 〈월스트리트저널(The Wall Street Journal)〉에 실렸으며, 《인베스트먼트(Investment)》 5월호(Bodie, Kane, Marous)에서 재인용했다. 완벽한 측정은 힘들겠지만, 자신의 리스크 허용도를 알고 투자한다면 도움이 될 것이다.

투자의 네 글자 단어 시대

주식시장이 급속히 하락할 때 가장 먼저 떠오르는 네 글자 단어는 무엇인가? 'RISK'다. 리스크란 낮은 수익률을 얻거나 심지어 손해를 볼 가능성을 의미한다. 아마도 이로 인해 당신은 자녀를 대학에 보내지 못하거나 자신이 바라는 은퇴생활을 즐기지 못할 수 있다. 그럼에도 많은 재무상담사나 금융전문가들은 투자자들이 리스크에 대해 진지하게 생각하지 않고 주식에 지나치게 노출되어 있다고 말한다.

재무상담사 샤트스키(Gary Schatsky)는 "몇 년 동안 주식시장이 너무 좋았기 때문에 투자자들은 더 이상 투자에 따른 리스크를 생각하지 않는다"고 말한다. 그래서 시장이 악화되기 전에 자신의 리스크 허용도(Risk Tolerance)에 대해 이해하고, 이에 맞춰 포트폴리오를 설계해야 한다고 주장한다. 그러나 자신의 리스크 허용도를 평가하는 것은 쉬운 일이 아니다.

자신의 리스크 부담 능력뿐만 아니라 어느 정도의 리스크를 견딜 수 있는지도 고려해야 한다. 이 설문지의 장점은 자신의 리스크 인내도에 대한 개략적인 판단을 가능케 하는 객관적인 자료라는 것이다. 그러나 많은 전문가들은 이 설문지는 리스크 허용도를 평가하는 단순한 첫 단계로만 사용해야 한다고 경고한다. 전문가들은 대부분의 사람들이 중간 정도의 리스크 추구형으로 나타난다고 본다.

당신의 리스크 인내도는 얼마인가? 당신에게 해당하는 답에 O표를 하라.

1. 투자한 지 60일이 지나서 가격이 20% 하락했다. 다른 근본 요인의 변하지 않았다면 어떻게 하겠는가?

  A. 매각한다.

  B. 아무것도 하지 않고 투자 가치가 회복되기를 기다린다.

  C. 더 매입한다. 과거에도 좋은 기회였다. 지금은 더 저렴하게 투자할 수 있는 기회다.

2. 질문을 다른 각도에서 보자. 당신의 투자가 20% 하락했다. 그러나 이 투자는 세 개의 다른 투자 기간을 가진 투자 목표들을 달성하는 데 이용되는 포트폴리오의 일부다.

2-1. 목표가 5년 남았다면 어떻게 하겠는가?

  A. 매각한다.   B. 아무것도 하지 않는다.   C. 더 매입한다.

2-2. 목표가 15년 남았다면 어떻게 하겠는가?

  A. 매각한다.   B. 아무것도 하지 않는다.   C. 더 매입한다.

2-3. 목표가 30년 남았다면 어떻게 하겠는가?

A. 매각한다.　B.아무것도 하지 않는다.　C. 더 매입한다.

3. 퇴직금을 투자한 지 한 달이 지나 25% 상승했다. 근본 요인들이 변하지 않았다면 어떻게 하겠는가?

A. 매각해 이익실현을 한다.

B. 더 보유했다가 많은 이익을 기대한다.

C. 추가 상승을 기대해 더 매입한다.

4. 15년 후의 퇴직을 준비해 투자하고 있다. 어떻게 하겠는가?

A. 단기금융 상품(MMF)이나 보장형 상품에 투자해 원금의 안정성을 보장받는다.

B. 50대 50의 비율로 주식형 펀드와 채권형 펀드에 투자한다. 그리하여 성장의 기회도 갖고, 확정적인 수입도 보장받는다.

C. 1년은 가치가 크게 변동할 수 있지만, 5~10년 동안에 상당한 이익을 얻을 가능성이 있는 성장형 뮤추얼 펀드에 투자한다.

5. 상금이 큰 이벤트에 당첨됐다. 다음 중 어느 것을 선택하겠는가?

A. 현금 2,000달러

B. 50%의 확률로 5,000달러를 탈 기회

C. 20%의 확률로 15,000달러를 탈 기회

6. 좋은 투자 기회가 왔다. 대출을 받겠는가?

   A. 절대로 받지 않는다.   B. 그럴 것이다.   C. 예

7. 회사가 주식을 직원에게 파는데, 3년 후 회사를 공개할 계획이다. 그
   때까지 주식을 매각할 수도 없고 배당을 하지도 않을 것이다. 그러나
   회사가 공개될 때 투자금이 10배로 늘어난다면, 얼마나 투자하겠는
   가?
   A. 하지 않는다.   B. 2개월분의 월급   C. 4개월분의 월급

리스크 인내도에 대한 평가

A~C에 해당하는 답의 수를 더하여 아래와 같이 곱하면 점수가 나온다.

   (A) 답의 수 ×1 =   점
   (B) 답의 수 ×2 =   점
   (C) 답의 수 ×3 =   점

                  총점   점

점수가 ·········이면 당신은 ·········이다.

   • 9~14점   보수적 투자자

   • 85~21점   중립적 투자자

   • 22~27점   공격적 투자자

3 명목변수와 실질변수

　명목 GDP(국내총생산)와 실질 GDP, 명목임금과 실질임금, 명목이자율(명목금리)과 실질이자율(실질금리) 등 경제학에서는 명목과 실질을 구분해 사용한다. 이때 '명목(Nominal)'이란 현재가격을 이용해 가치를 측정한 것, '실질(Real)'이란 불변가격을 이용해 가치를 측정한 것을 말한다. 다시 말하면 명목변수는 화폐단위로 측정한 것을 말하며, 실질변수는 실물단위로 측정한 것을 말한다.

　예를 들어 명목소득이 2004년에 3,000만 원, 2000년에 1,500만 원이었다고 가정해보자. 2000년과 2004년 사이에 소득이 2배 증가했다. 그런데 같은 기간에 모든 재화 및 서비스 가격이 2배가 됐다면 소득 증가로 형편이 나아졌다고 할 수 있을까? 그렇지는 않다. 소득이 2배가 됐지만 가격도 2배가 됐기 때문에 3,000만 원으로 살 수 있는 재화의 양은 동일하다. 2004년에 3,000만 원의 명목소득은 2000년 가격으로 측정하면 1,500만 원의 실질소득이 되어 2004년의 형편은 2000년에 비해 나아지지도 나빠지지도 않은 것이다.

　경제 변수들을 굳이 두 가지로 구분하는 이유는 명목변수와 실질변수에 영향을 주는 요인들이 서로 다르기 때문이다. 구체적으로 경제학자 흄(David Hume)은 명목변수들은 경제의 화폐 부문에 일어나는 사건들의 영향을 강력하게 받는 반면, 화폐 부문은 실질 변수의 결정 요인을 이해하는 데 거의 무관하다고 주장했다. 실질 변수는 재화와 서비스로 수량을 측정하기 때문에 경제학에서는 명목변수보다 실질변수에 더욱 많은 관심을 가진다.

금융 중개기관의 기능

▶ 금융시장은 자금을 중개·공급하는 기능을 한다. 이러한 기능이 제대로 작동하지 못했을 때 금융위기가 발생할 수도 있으며 정치적 불안정도 불러올 수 있다.

▶ 금융시장은 채권시장과 주식시장, 발행시장과 유통시장, 단기금융시장과 자본시장 등으로 구분할 수 있다. 투자자가 유통시장에서 주식을 매수하더라도 기업은 새로운 자금을 얻지 못한다. 그럼에도 금융시장 분석이 유통시장에 초점을 맞추는 이유는 이미 발행된 기업의 증권에 유동성을 부여해 추가 자금 조달을 용이하게 해주며, 많은 정보를 반영한 시장가격을 알 수 있기 때문이다.

▶ 기업의 자금 조달 방법에는 직접금융과 간접금융이 있다. 직접금융이란 차입자가 증권을 직접 판매함으로써 자금을 확보하는 것을 말하며, 간접금융이란 금융 중개기관이 개입해 대출자와 차입자를 연결해주는 것을 말한다. 기업은 직접금융보다 간접금융을 통해 더 많은 자금을 조달한다.

▶ 금융시장에서 결정을 내리는 데 상대방에 대한 정보가 충분하지 못할 때

가 있다. 이를 정보의 비대칭성이라 하는데, 정보 부족으로 인해 발생하는 문제에는 역선택과 도덕적 위험이 있다. 역선택은 거래가 발생하기 이전에 정보의 비대칭성으로 인해 일어나는 문제이며, 도덕적 위험은 거래가 발생한 후에 발생하는 문제다.

▶ 금융 중개기관은 거래 비용을 낮추고, 위험 분담을 촉진하며, 정보 문제를 해결함으로써 경제에 중요한 기능을 수행한다. 그리고 대부자, 저축자에게서 생산적인 투자 기회를 가진 사람에게로 자금이 전달되는 것을 도와주는 기능을 함으로써 경제의 효율성을 높이는 데 중요한 구실을 한다. 이러한 금융 중개기관이 없다면 경제가 잠재력을 제대로 발휘하기 어려워진다.

금융시장 이해를 위한 개념

▶ 우리는 투자하기에 앞서 돈을 얼마나 벌 수 있을지에 대해 기대한다. 이를 기대수익률이라 하는데, 이는 시간에 대한 보상과 위험에 대한 보상으로 구분할 수 있다.

▶ 리스크라는 단어는 '뱃심 좋게 도전하다(to dare)' 라는 뜻의 이탈리아어 'Risicare' 에서 유래됐는데, 투자에서 리스크는 기대수익률에 대한 불확실성을 의미한다. 사전에 기대했던 수익이 실현되지 못할 가능성이다. 그런데 리스크는 기대수익과 상충관계에 있다. 리스크가 크면 기대수익도 높지만, 리스크가 작으며 기대수익도 낮아진다.

▶ 주식투자에 따른 리스크는 비체계적 위험과 체계적 위험으로 구분된다.

비체계적 위험이란 경영자의 교체 및 파업과 같은 기업 고유의 리스크를 말하며, 체계적 위험이란 세계적인 경기침체 등과 같은 주식시장 전체에 영향을 미치는 리스크를 말한다. 비체계적 위험은 달걀을 한 바구니에 담지 않은 분산투자를 통해 없앨 수 있으나 체계적 위험은 분산투자로도 제거할 수 없다.

▶ 수익을 얻기 위해서는 이에 부합되는 적절한 리스크를 감당해야 하므로 리스크를 완전히 제거하거 한다는 말은 합리적이라 볼 수 없다. 리스크를 완전히 제거한다는 것은 수익을 얻지 않겠다는 의미와 같기 때문이다. 즉, 리스크에 상응하는 수익을 기대하는 것이 합리적인 선택이란 말이다. 리스크는 제거 대상이 아니라 관리 대상이다.

▶ 명목 GDP와 실질 GDP, 명목임금과 실질임금, 명목이자율(명목금리)과 실질이자율(실질금리) 등 경제학에서는 명목과 실질을 구분해 사용한다. 명목변수는 화폐 단위로 측정된 것을 말하며, 실질변수는 실물 단위로 측정된 것을 말한다. 경제 변수들을 굳이 두 부류로 구분하는 이유는 명목변수와 실질변수에 영향을 주는 요인이 달라 이러한 구분이 경제 분석에 유용하기 때문이다.

2

먼저 경제지표를 이해하자

거시경제지표란

금융시장을 분석하기에 앞서 몇 가지 거시경제지표를 살펴보면 도움이 될 것이다. 크게 보면 금융시장 분석은 거시경제 분석과 다르지 않다. 이자율, 외환, 주가 등은 그 자체로 거시경제지표라 할 수 있으며, 이는 국민소득(GDP)·물가(인플레이션)·통화정책 등과 상호 연관해 작용하기 때문이다. 또한 거시경제지표에 쓰이는 용어는 금융시장에서도 똑같이 쓰이므로 경제 용어를 정리한다는 의미도 있다. 이자율, 환율, 주가 등은 금융시장 분석에서 구체적으로 살피도록 하고 여기서는 대표적 거시경제지표를 알아보자.

경제의 단위를 단순화하면 기업과 가계로 나눌 수 있다. 즉, 기업과 가계 사이의 거래가 경제활동의 기본적인 구조라는 말이다.

기업은 가계에서 직·간접으로 모은 자본과 제공한 노동을 사용해 생산을 하고, 그 생산물을 가계에 판매한다. 한편 가계는 기업에 노동을 제공한 대가로 받은 임금과 기업에 직·간접으로 자본을 제공한 대가로 받은 배당 및 이자 등을 이용해 기업이 생산한 물건을 구입한다. 이러한 기업과 가계 사이의 화폐와 물건의 흐름이 경제활동의 기본이며, 국가 전체로서는 일정 기간의 이러한 화폐 흐름을 합산한 것이 국내총생산(GDP)이다.

그런데 경제활동을 실행하는 경제 주체는 기업과 가계만이 아니다. 외국과 정부도 중요한 경제 주체인 것이다. 외국인은 국내의 기업과 무역 거래를 한다. 국내 기업이 외국으로 판매한 것은 수출이고, 외국에서 구입한 것은 수입이다. 정부의 경제활동은 다방면에 걸쳐 있는데, 기업과 가계로부터 세금을 징수해 지출 또는 투자를 한다.

이러한 순환적 구조에서 주목해야 할 점은 경제 주체 간의 관계가 상호의존적이라는 것이다. 즉 한쪽의 변화가 다른 한쪽의 변화를 가져온다는 말인데, 예를 들어 가계 지출이 감소하면 기업에는 재고가 증가하고 생산이 감소해 결국 구조조정을 통한 인력 감축에 나서게 된다. 이로 인해 실업이 증가하고, 이는 가계의 소득을 줄여 가계 지출이 감소하는 악순환이 반복된다.

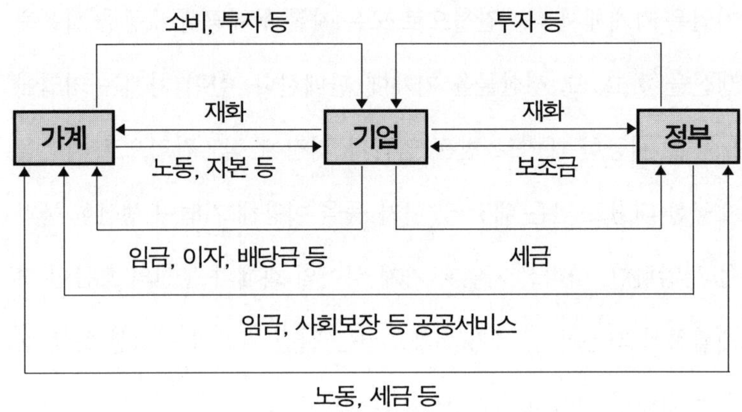

〔그림 2-1〕 거시경제의 순환적 흐름

가계 지출 감소 → 기업 재고 증가 → 기업 생산 축소 → 구조조정으로 인한 고용 감소 → 실업 증가 → 가계 소득 감소 → 가계 지출 감소

거시경제 분석에서 한 부문의 변화가 다른 부분의 변화로 연결된다는, 즉 순환적이며 상호의존적이라는 점은 반드시 이해해야 하는 대목이다. 우리가 시장을 분석할 때 단지 그 시장에만 국한하지 않고 여타 다른 시장의 변화를 관찰하는 이유도 바로 여기에 있다. 합리적인 분석을 위해서는 한 부문의 변화만 보지 않고 변화의 연결고리를 추적하는 작업이 중요하다.

국내총생산

① 국내총생산이란

아마도 거시경제지표 가운데 가장 많이 언급되는 단어가 국내총생산(GDP, Gross Domestic Product)일 것이다. 경제학자뿐 아니라 일반인까지도 GDP를 수시로 언급하는데, GDP가 발표될 때는 경제신문에 이 내용에 관한 분석 기사가 어김없이 실린다. 다른 어느 경제지표보다 GDP에 관심을 갖는 이유는 GDP가 경제 호황인지 불황인지를 판단할 수 있는 기준 지표가 되기 때문이다. 많은 수의 기업과 가계, 그리고 정부의 경제활동 결과로 나타나는 국민경제는 규모가 엄청나게 크기 때문에 우리들의 눈으로 파악하는 데 한계가 있다. 곧 경제 내의 커다란 움직임들을 제대로 파악하기 위해서는 국민경제 전체의 활동을 보여주는 어떤 지표가 필요한데, 이것이 바로 GDP다. 우리는 코스피(KOSPI)지수를 보고 주식시장의 전반적인 동향을 판단한다. 이와 마찬가지로 GDP의 동향을 보고 한 나라의 경제가 어떻게 돌아가는지를 판단할 수 있는 것이다. 과거에는 국민소득을 나타내는 주된 지표로 우리나라 국민들이 1년 동안 생산한 국민총생산(GNP, Growth National Product)을 사용했으나 1994년 이후부터는 GDP를 주로 사용하고 있다. 대부분의 나라들이 GDP를 주로 쓴다.

GDP 통계는 1930년대 초 쿠즈네츠(Simon Smith Kuznets, 1901~1985, GDP 통계 개발에 대한 공로로 노벨 경제학상 수상)에 의해 개발됐다. 미국의 1930년대는 대공황(Great Depression)으로, 많은 사람이 실업자로 전락하는 등 매우 암울한 시대였다. 당시 대통령이었던 루스벨트(Franklin Delano Roosevelt)와 경제 참모들은 철도 운송량이 줄어들고 철강 생산량이 크게 부족해 수백만의 사람들이 일자리를 잃었다는 사실은 알았으나, 경제 상황에 대한 큰 그림(GDP 통계)이 없어 전체 경제에 대한 정보 부족으로 무엇을 해야 할지 몰라 당황했다. 그러나 쿠즈네츠에 의해 GDP 통계가 제공되면서 정책 입안자들이 경제 현상을 이해하는 데 필요한 정보를 얻을 수 있었으며, 나아가 적절한 정책을 입안할 수 있게 되었다. GDP 통계를 경제정책에 이용한 결과 큰 폭의 경기순환과 금융공황, 그리고 장기적인 경기침체 등도 미미한 수준에 그쳐 그 유용성을 인정받았다.

GDP는 일정 기간 한 국가에서 생산된 모든 최종 재화와 서비스의 시장가치다. 일정 기간이란 GDP를 계산하는 기간을 의미하는데, 보통 1년을 기준으로 삼는다. 따라서 과거에 생산된 재화, 예를 들어 20년 전에 지은 아파트와 몇 십 년 된 그림 등은 포함되지 않는다. 또한 GDP는 최종 재화와 서비스를 측정하므로 중간재의 가격도 포함되지 않는다. 사탕에 들어 있는 설탕, 철강을 생산하기 위한 에너지 등이 중간재라 할 수 있는데, 중간재 가격은 최종 재화의 가격에 포함되어 있으므로 이중으로 계산되는 것을 방지하기 위한 목적에서다. 그리고 GDP는 시장가격을 이용해 재화나 서비스의 가치를 산정하므로 시장 밖에서 일어나는 행위는 대부분 누락된다.

예를 들어 불법적으로 생산, 거래되는 마약 및 가정주부의 가사, 텃밭에서 재배된 채소, 자원봉사 등은 GDP에 포함되지 않는다. 이런 항목들 때문에 때로는 이상한 결과가 나올 수 있다. 가사를 하는 가정주부가 다른 집에서 돈을 받고 가사도우미로 일한다면 이는 GDP에 포함된다. 그러나 자신의 집에서 하는 가사는 시장가격이 아니므로 GDP에 포함되지 않는 것이다.

2005년 12월 통계청 자료에 따르면, 우리나라 주부의 가사노동은 월 111만 원의 가치를 지닌다. 하지만 이는 시장가격이 아니기 때문에 GDP 통계에서 제외되는 것이다. 만일 많은 여성이 가사를 다른 사람에게 맡기고(물론 돈을 주면서) 직장에 나가 일을 한다면 GDP는 증가할 것이다.

국민소득은 세 가지 다른 얼굴로 파악되는데, 이는 생산국민소득, 분배국민소득, 지출국민소득 등이다. 이 국민소득들은 크기가 똑같은데 생산 → 분배 → 지출 과정을 통해 순환하기 때문이다. 기업이 노동과 자본, 토지 및 경영 등의 생산요소를 투입해 생산 활동을 수행한 결과로 부가가치 즉 생산국민소득이 발생하면 생산에 참여한 노동자는 급여, 돈을 빌려준 사람은 이자, 토지를 빌려준 사람은 임대료를 받는다. 그리고 이들 소득을 공제한 나머지가 이윤으로 기업에 돌아가는데, 이 같은 소득을 모두 합한 것을 분배국민소득이라 한다. 결국 생산국민소득과 분배국민소득은 같아진다.

그리고 분배된 소득은 개인이 물건을 구입하는 데 사용(소비)하고 기업이 생산을 위해 공장을 짓거나 기계를 사들이는 데 지출(투자)함으로써 최종 생산물에 대한 수요로 나타나는데, 이를 지출국

민소득이라 한다. 이와 같이 국민소득은 만들어서(생산) 나누고
(분배) 쓰는(지출) 양이 모두 같게 되는데, 이를 국민소득 3면 등가
의 원칙이라 한다.

세 가지 국민소득을 구체적으로 표현하면 다음과 같다.

- 생산국민소득 = 농·어·광업 + 제조업 + 건설업 + 도·소매업
  + 운수업 + 통신업 + 금융업 + 서비스업 등

- 분배국민소득 = 피고용자 보수(임금 등) + 영업 잉여(이윤 등) + 고
  정자본 소모 + 간접세 + (공제)보조금

- 지출국민소득(Y) = C(소비자 지출) + I(투자 지출) + G(정부 지출)
  + X(수출) − M(수입)

이 세 가지 국민소득 가운데 여기서는 지출국민소득을 중심으로
살펴볼 것이다. 지출국민소득으로 GDP를 측정하면 각 경제 주체
의 활동이 GDP에 어떤 영향을 미치는지를 쉽게 이해할 수 있다.

지출국민소득은 소비(C), 투자(I), 정부 지출(G), 순수출[X(수
출) − 수입(M)]로 구성되어 있다. 소비는 직장인들의 점심식사,

	최종 소비지출			투자	수출
	합계	민간	정부		
미국	88.4	70.6	17.8	17.2	10.7
일본	78.5	56.3	22.2	23.3	13.6
독일	76.5	58.0	18.5	18.5	42.4
영국	87.0	66.4	20.6	16.6	27.1
한국	61.7	49.7	12.0	28.5	54.3

(2005년 기준, %)

〔표 2-1〕 국가별 GDP 항목

MP3 구입처럼 재화나 서비스에 대한 소비자의 지출을 의미한다. 투자(I)는 LG전자가 파주에 LCD 공장을 짓는 것과 같은 자본 설비, 재고, 건물 매입을 의미한다. 정부 지출(G)은 새만금 간척사업, 서해안 고속도로 건설 등과 같은 정부에 의한 재화와 서비스의 구입을 말하며, 순수출은 국내에서 생산되어 외국에 판매된 금액(수출)에서 외국에서 생산되어 국내에서 판매된 재화와 서비스의 가치(수입)를 뺀 금액을 말한다. 수입을 빼는 이유는 재화나 서비스의 수입이 이미 GDP의 다른 항목에 포함되어 있기 때문이다.

예를 들어 어느 소비자가 1억 원가량의 수입차를 구입한다면 소

비(C)가 1억 원 증가한다. 즉, 수입이 증가했으므로 순수출은 1
억 원 감소해 결과적으로 GDP는 변하지 않는다. 다시 말하면 외
국에서 생산된 재화나 서비스는 소비, 투자, 정부 지출에 플러스
항목으로 포함되기 때문에 순수출에 마이너스 항목으로 포함되는
것이다.

GDP 항목을 보면 GDP는 소비, 투자, 정부 지출, 순수출과 정
(+)의 관계에 있음을 알 수 있다. 다시 말하면 소비자가 많이 쓸수
록, 기업이 투자를 많이 할수록, 정부가 지출을 많이 할수록, 수출
이 잘될수록 GDP는 증가하는 것이다.

② 실질 및 명목 GDP와 경제성장률

GDP는 한 나라의 모든 시장에서 거래되는 재화와 서비스에 대
한 지출 총액이다. 어느 해의 GDP가 전년도보다 증가했다면, 그
경제의 재화나 서비스 생산량이 증가했거나 재화나 서비스 가격이
상승한 것이다. 여기서 문제는 생산량은 변함없는데, 재화나 서비
스의 가격이 오른 결과로 GDP가 상승했다면 GDP 상승의 의미는
상당히 퇴색될 수밖에 없다. 자동차, LCD TV 등을 2배로 생산해

이전 가격으로 팔아도 GDP는 2배가 되는데, 이전과 같은 산출로 가격이 2배 상승해도 GDP는 2배가 된다. 이는 국민경제의 총생산을 측정한다는 GDP의 근본 취지와 어긋나는 것이다. 따라서 가격 변화는 배제한 채 실질적인 총생산을 측정할 필요가 있는데, 이를 실질 GDP라 한다. 즉, 재화나 서비스 가격 변화가 반영된 명목 GDP에서 가격 변화를 제거한 것을 실질 GDP라 하며, 실질 GDP는 가격 변화로 인한 '뻥튀기 효과'를 제거하고 산출된 양의 측정에 초점을 맞춘 것이다.

연말이 되면 여러 경제연구소에서는 다음 해 경제성장률을 예측한다. 소비가 회복되고 수출이 증가할 것이므로, 경제성장률은 5%로 예상된다는 등의 예측이 언론에 자주 언급된다. 경제성장률은 일정 기간 한 나라의 경제가 이룩한 성과를 측정하는 중요한 척도의 하나로, 물가 및 실업률, 국제수지 등과 함께 경제정책의 수립이나 평가 과정에서 주요한 개념으로 사용된다. 이는 국민경제가 성장하면 새로운 일자리가 만들어지고 소득이 증대되는 등 국민의 후생이 증진되기 때문이다. 이때 경제성장률은 실질 GDP의 성장을 의미한다. 즉 경제성장률이란 '뻥튀기 효과'를 제거한 실질 GDP의 성장률을 의미하며, 다음과 같이 계산한다.

$$GDP성장률(\%) = \frac{\text{금년도 실질 GDP} - \text{전년도 실질 GDP}}{\text{전년도 실질 GDP}} \times 100$$

GDP를 계산하는 이유는 전반적으로 경제가 얼마나 잘 운용되고 있는지를 파악하기 위해서다. 실질 GDP는 한 나라 경제의 재화와 서비스의 생산량의 지표로, 국민들의 욕구를 충족시키는 능력을 나타낸다. 따라서 실질 GDP는 명목 GDP보다 우월한 경제 후생지표라 할 수 있으며, 경제학자들이 언급하는 GDP는 대부분 실질 GDP를 의미한다.

성장률을 언급할 때 잠재성장률(Potential Growth Rate)이란 단어가 등장하곤 한다. 잠재성장률이란 물가상승을 일으키지 않는 범위 내에서 노동과 자본을 투입해 달성할 수 있는 최대 성장률을 말한다. 만일 잠재성장률과 실질성장률을 비교해 실질성장률이 잠재성장률을 밑돈다면 한 국가의 능력만큼 성장하지 못했다는 것을 뜻한다. 따라서 잠재성장률과 실질성장률의 차이도 한 국가의 경제 상황을 판단하는 지표로 쓰인다.

〔기사 2-1〕에서는 2006년 미국 경제성장률이 소비지출 둔화로 인해 하락할 것으로 전망하고 있다. 〔표 2-1〕에서 살펴보았듯이 미

국 경제에서는 민간 소비(소비자 지출)의 기여도가 대단히 높다. 따라서 민간 소비가 위축되면 미국 경제는 상당한 타격을 입을 수밖에 없다. 민간 소비의 위축 원인은 금리 인상으로 인한 주택시장 위축, 고유가 등으로 지적되고 있다.

美 성장률 올 2%대 추락 가능성
WSJ "고금리, 고유가, 주택시장 냉각으로 침체 우려"

미국 경제가 다시 침체의 늪에 빠져들 우려가 크다는 경고음이 나오고 있다. 지난해 4분기부터 나타나기 시작한 경기위축 분위기가 자칫 올해도 이어질 가능성이 높다는 지적이다.

〈월스트리트저널〉은 17일(현지 시간) 올해 미국 경제가 고금리와 높은 에너지 비용, 주택시장 냉각 등의 영향으로 둔화될 수 있다는 우려가 제기되고 있다고 보도했다. 〈월스트리트저널〉은 과거 10분기 동안 평균 4%를 유지했던 경제성장률이 지난해 4분기에는 급격히 둔화된 소비지출로 인해 연율 기준으로 3% 이하로 떨어졌을 것으로 예상했다.

매크로이코노믹스 어드바이저스의 전문가 조사에 따르면 지난해 4분기 경제성장률은 2.9%로 나타났으며 일부에서는 성장률이 2%에 불과할 것이란 견해도 제기됐다.

이에 대해 일부 분석가들은 올해 미국 경제가 2002년 이후 최저치의 성장률을 기록하면서 실업률이 다시 올라가는 '저성장 고실업 현상'을 겪을 가능성이 높다고 경고하고 있다. 이는 사이클상 경기 둔화가 재개된다는 것을 의미한다.

뉴욕 소재 시장조사업체인 ISI그룹은 미국 경제가 올해 2.5% 성장에 그칠 것이며 지난해 월 평균 16만 8,000개이던 신규 일자리 창출 건수도 월 10만 개 수준으로 낮아질 것으로 예상했다. 이에 따라 지난해 말 4.9%이던 실업률도 5.5% 수준으로 높아질 것으로 전망했다.

ISI그룹은 미 연방준비제도이사회(FRB)가 1983~1984년 금리를 급격하게 올린 후 성장률이 큰 폭의 하락세를 보인 점과 1994년의 금리 인상 여파로 1995년 1분기에 경제성장률이 연율 1%에 그친 사례를 지적했다. ISI는 이 같은 전망은 '중기적인 경기 침체 사이클' 패턴과도 일치하는 것이라고 지적했다. 미국 경제에 대한 이 같은 부정적인 전망은 금리와 유가 상승으로 경제 성장의 60% 이상을 좌우하는 소비가 급격히 위축되고 있다는 데서 출발한다.

불과 2년도 안 돼 1%이던 기준금리가 5% 수준에 육박하고 있으며 중동 정치의 불안과 허리케인 등으로 국제 유가도 50% 이상 뛰어올랐다. 결국 낮은 금리로 주택 리파이낸싱을 통해 소비를 늘리던 패턴에 변화가 불가피했고 여기에 엎친 데 덮친 격으로 천정부지의 유가가 소비자들의 지갑을 더욱 옥죄게 만든 것이다. 물론 침체가 일시적일 것이라는 견해가 아직은 우세하다. 지난해 하반기 이후 소비자들이 고금리 · 고유가에

무리 없이 적응해가고 있다는 게 그 이유다.

이와 관련해 경제조사업체인 블루칩 이코노믹 인디케이터스는 4분기 경제성장 둔화가 일시적인 요인에 의한 것이기 때문에 올해에도 3.4%의 견고한 경제성장세를 기록할 것으로 내다봤다. 하지만 FRB의 물가 불안에 대한 집착, 이란 핵문제 등 새로운 중동 불안 요인이 상존하고 있어 전체적으로는 불안감이 확산되는 상황이다. [뉴욕 = 전병준 특파원]

물가(인플레이션)

1 물가란

우리는 생활에 필요한 대부분의 재화와 서비스를 구입해 쓰는데, 구입할 때 내는 돈의 액수를 가격이라 한다. 시장에서 거래되는 상품은 매우 다양해 같은 시간대에도 가격이 오르고 내리고를 반복하지만, 이러한 단기적이고 개별적인 가격 움직임보다는 전반적인 상품 가격의 변화를 알아보기 위해 만들어진 개념이 물가와 물가지수다. 물가는 시장에서 거래되는 모든 상품의 가격을 일정한 기준에 따라 평균한 종합적인 가격 수준을 뜻하며, 물가지수는 물가의 움직임을 한눈에 알아볼 수 있게 하나의 숫자로 나타낸 것이다. 지수는 통상 비교의 기준이 되는 시점의 수치를 100으로 하여 산출하는데, 어느 특정 시점의 물가지수가 120이면 이는 기준 시점보다 물가가 20% 오른 것을 의미하며, 물가지수가 80이면 물가가 기준 시점보다 20% 내린 것을 의미한다. 물가지수의 산출을 주식시장의 코스피지수와 연관해 생각하면 이해하기 쉽다. 코스피지수는 기준 시점과 기준주가를 각각 1980년 1월 3일, 100포인트로 산출했다. 2005년 말 코스피지수 종가는 1382므로 단순히 계산할 때 25년간 13배 이상 상승한 것이다.

물가가 중요한 이유는 화폐의 구매력을 측정하는 수단이 되기 때문이다. 만일 시장에서 물가가 지속적으로 오른다면 구입할 수 있는 상품의 양은 오르기 전보다 줄어들므로 돈의 가치, 즉 구매력은 떨어지고 반대로 물가 하락이 계속되면 구매력은 증가한다.

경기 호전 → 수요 증가 → 물가 상승
경기 악화 → 수요 감소 → 물가 하락

물가의 움직임을 보여주는 물가지수는 경기 판단 지표로서의 구실도 한다. 일반적으로 물가는 경기상승 국면에서는 수요 증가에 의해 오르고, 경기하강 국면에서는 수요 감소로 인해 낮아진다. 따라서 물가지수는 이러한 경기 동향을 민감하게 반응하여 움직이기 때문에 경기 판단 지표로도 활용되는 것이다. 또한 물가지수는 디플레이터(Deflator)로서의 기능도 갖는다. 우리는 금액으로 표시돼 있는 통계 자료를 다룰 때 현재의 금액을 과거 어느 시점의 금액으로 환산할 필요가 있다. 이 경우 흔히 물가지수를 이용하는데, 현재의 금액을 두 기간 사이의 물가지수 비율로 나눠 과거 시점의 금액으로 환산하여 활용한다.

예를 들어 어느 노동자의 근로소득이 1995년에 164만 원에서 2002년에 238만 원으로 74만 원(45.1%) 상승했다고 하자. 금액으로는 근로소득이 큰 폭으로 상승한 것으로 보인다. 그러나 같은 기간 소비자물가지수가 82.3에서 106.9로 29.9% 상승했다면, 2002년 실질 근로소득은 183만 원($\frac{238}{1+29.9\%}=183$)으로 19만 원(11.6%) 상승에 그치고 만다.

물가지수는 쓰임새에 따라 다양하게 작성되는데, 대표적으로 소비자물가지수와 생산자물가지수 및 GDP 디플레이터 등이 있다. 소비자물가지수는 소비자의 구매력 변화에 관심을 갖기 때문에 가계의 소비지출 품목을 대상으로 하는 데 비해, 생산자물가지수는 국내 생산자의 제1차 거래 단계에서 기업 상호 간에 거래되는 모든 상품의 가격 변동에 초점을 맞추기 때문에 조사 대상에는 소비

	1995년	2002년	기간 중	
			상승률	상승 금액
근로소득	164만 원	238만 원	45.1%	74만 원
실질 구매력 (1995년 기준)	164만 원	183만 원	11.6%	19만 원
소비자물가	82.3	106.9	29.9%	

[표 2-2] 물가지수의 디플레이터로서의 기능

재와 기업이 구입하는 재화도 포함된다.

한편 GDP 디플레이터도 물가지수로 이용된다. 우리는 GDP가 실질 GDP와 명목 GDP로 구분되며, 가격 변화로 초래되는 '뻥튀기 효과'를 제거한 것이 실질 GDP임을 알고 있다. 따라서 실질 GDP와 명목 GDP를 비교함으로써 가격 변화를 유추할 수 있다. 즉 명목 GDP는 가격과 생산량, 실질 GDP는 가격은 고정된 반면 생산량의 변화만을 측정하므로 명목 GDP와 실질 GDP를 비교하면 공통적인 생산량은 제거되고 가격 변화만을 측정할 수 있다. GDP 디플레이터는 다음과 같이 실질 GDP와 명목 GDP를 비교함으로써 산출할 수 있다.

$$\text{GDP 디플레이터(\%)} = \frac{\text{명목 GDP}}{\text{실질 GDP}} \times 100$$

GDP 디플레이터는 가장 포괄적인 물가지수지만, 가격 변동을 직접 조사·작성하지 않기 때문에 엄격한 의미에서는 물가지수라 할 수 없다. 물가는 물가 그 자체로서의 의미보다 인플레이션으로 연결될 때 중요성이 커진다. 인플레이션이란 물가의 일반적인 수준이 지속적으로 오르는 현상을 말한다. 인플레이션이 완만하게 나타나면 국민경제 활동에 활력을 불어넣을 수 있다. 상품 가격의 상승으로 기업은 더욱 많은 이익을 남길 수 있고, 더욱 많은 생산을 위해 고용을 늘릴 것이다. 또한 새로 고용된 노동자들은 자신의 소득을 바탕으로 지출을 늘릴 것이며, 이것은 경제 전체의 총수요를 증가시키고 성장을 촉진한다.

완만한 인플레이션 → 상품 가격 상승으로 기업 이익 증가 → 기업 생산 증가(기업 투자 지출 증가) → 고용 증대 → 소비 증대 → GDP 상승

그러나 인플레이션이 극심해지면 실질소득이 감소하므로 사람들은 물건의 구입, 즉 소비를 줄일 것이다. 인플레이션으로 인해 실질 구매력이 하락했다는 말은 화폐가치의 하락을 의미하므로, 극심한 인플레이션은 돈의 신뢰성이 떨어졌음을 뜻한다. 결국 극심한 인플레이션은 경제 전체로 볼 때 총수요의 감소를 뜻하며, 기업에는 재고가 쌓이고 생산량이 감소해 실업이 발생할 것이다. 임금이 물가 상승률을 상회하는 경우, 기업은 당연히 고용을 줄이려 할 것이기 때문에 실업은 불가피하게 나타난다.

인플레이션은 국제무역에도 영향을 미친다. 예를 들어 우리나라는 극심한 인플레이션, 다른 나라는 물가가 안정되어 있다고 가정해보자. 이때 우리 상품의 전반적인 가격 수준이 다른 나라에 비해 높아져 외국의 소비자들은 우리의 상품 구입을 포기할 것이고, 이는 곧 우리나라의 수출 감소를 의미한다. 순수출(수출 - 수입)이 지출 GDP, 즉 국민소득과 정(+)의 관계에 있다는 사실을 기억해보자. 인플레이션으로 인한 수출 감소는 GDP의 감소로 이어진다.

극심한 인플레이션 → 실질소득 감소 → 수요 위축 → 기업 재고 증가 → 기업 생산 감소(기업 투자 지출 감소) → 고용 감소 → GDP 하락

극심한 인플레이션 → 우리나라의 상품 가격 수준 다른 나라에 비해 상승 → 외국 소비자 수요 감소 → 수출 감소 → GDP 하락

물가 상승은 곧 화폐의 구매력 저하를 의미한다. 5,000원으로 점심식사가 가능했으나 물가가 상승하면 우리는 점심값에 5,000원 이상을 써야 한다. 이것이 화폐가치의 저하를 의미하는 것이다. 다시 말하면 전반적인 물가(많은 종류의 재화, 서비스의 가격) 수준의 상승은 결국 화폐의 구매력 저하, 돈의 가치 하락을 의미한다. 따라서 국가 전체의 생산량은 일정하더라도 물가가 상승하면 화폐의 양은 많아진다. 반대로 화폐의 양이 증가할 때 생산량이 변하지 않으면 물가가 상승한다.

예를 들어 자본 설비나 노동력이 완전히 이용되어 더 이상 생산이 증대하지 않는 상태에서 화폐가 증대하면 물가는 오르지 않을 수 없다. 왜냐하면 화폐의 증가에 의해 수요는 증가하는데 상품 공급은 늘어나지 않기 때문이다. 이와 같이 수요가 공급을 상회하여 물가가 오르는 것을 수요 견인 인플레이션(Demand‑Pull Inflation)이라 한다.

수요 견인 인플레이션은 정책당국이 너무 높은 국민소득, 또는 너무 낮은 실업률을 목표로 설정할 때 발생할 수 있다. 다시 말해 정부가 적극적으로 경기 부양에 나서면서 정부 지출을 늘린다면 화폐 공급 증대로 시중에 돈이 많이 풀려 인플레이션이 발생하는 것이다. 또는 국가의 씀씀이가 헤퍼 재정적자가 지속될 때, 이를 통화 창출로 보전하려는 정책을 펴도 발생할 수 있다.

인플레이션은 임금 및 유가 상승 등과 같은 비용이 증가해 발생할 수도 있는데, 이를 비용 상승 인플레이션(Cost-Push Inflation)이라 한다. 예를 들어 실업이나 자본 설비의 여유가 있어도 노동자의 임금이 상승하면, 그것이 제품 가격에 전가되어 물가가 상승하는 경우다. 또한 석유, 철강, 설탕 등 원자재 가격이 상승해도 이것이 제품 가격에 전가되어 물가가 상승, 인플레이션이 발생할 수 있다. 유가 상승, 수해 및 가뭄 등을 공급 충격(Supply Shock)이라 하는데, 이 같은 음(-)의 공급 충격은 생산능력이나 생산비용에 영향을 미치며, 충격이 클 때는 인플레이션 발생 및 국민경제에도 큰 부담을 준다. 한편 소득세 인하, 정부 지출의 증대, 통화량 증대 등 재화와 서비스에 영향을 주는 것을 수요 충격(Demand Shock)이라 하는데, 이는 대체로 투자 수요를 증대시켜 국민경제에 긍정적인 영향을 미친다.

수요 견인 인플레이션과 비용 상승 인플레이션이 물가 상승의 대표적인 원인이지만, 이를 명확히 구분하기는 쉽지 않다. 현실에서는 이 둘이 복합적으로 나타나는 경우가 많다.

예를 들어, 정부가 지출을 늘리고 화폐 공급을 늘리는 등 총수요 증대 정책에 나섰다고 가정해보자. 시중에 돈이 많이 풀려 돈의 가치가 떨어질 것이라고 예상된다면 인플레이션 우려가 커질 것이다. 이때 노동자들은 자신의 실질소득을 보전하기 위해 임금 인상을 요구할 것이며, 이로 인해 비용 인상 인플레이션이 발생할 수 있다. 결국 정부의 총수요 증대 정책이 일차적으로 수요 견인 인플레이션을 불러일으키고, 이는 다시 비용 인상 인플레이션으로 이어질 수 있는 것이다.

정책당국의 총수요 증대 정책 → 기대 인플레이션 상승 → 노동자의 임금 인상 초래 → 비용 인상 인플레이션 발생

이외에도 인플레이션의 원인은 매우 다양하고 복잡하다. 수입 물가가 상승하거나 외화가 증대되었을 경우에도 인플레이션이 발생할 수 있다. 경제학자 프리드먼(Milton Friedman)은 "인플레이션은 언제 어디서나 화폐적 현상이다"라고 말해 인플레이션 원인에서 화폐의 중요성을 강조했다. 높은 인플레이션은 높은 통화 증가율 없이 발생하지 않는다는 점에서 '언제 어디서나 화폐적 현상'

이지만, 인플레이션 유발 통화정책을 초래하는 이유도 짚어볼 필요가 있다. 이에는 두 가지 근원적인 이유가 있는데, 정책당국의 높은 고용 목표 고수와 지속적인 재정적자다. 이 둘은 정부가 돈을 많이 푸는 통화팽창 정책으로, 인플레이션과 관련이 깊다.

③ 인플레이션이 국민경제에 미치는 영향

인플레이션은 국민경제에 큰 부담이 된다. 인플레이션이 발생하면 구매력이 저하되어 실질소득이 감소하고 근로의욕 감퇴, 실물자산 선호, 금리 인상 등으로 경제 체질이 약화되는 결과를 불러온다.

또한 인플레이션은 실업률을 높인다. 안정적인 경제 상황을 선호하는 기업은 높은 인플레이션 환경에서는 투자를 꺼린다. 이는 자연적으로 더 적은 생산과 더 낮은 고용을 불러와 사람들은 일자리를 잃을 수 있다. 소득 및 부의 분배에도 나쁜 영향을 미친다. 인플레이션 기간 중에는 돈을 빌려준 채권자보다 돈을 빌린 채무자가 유리하다. 인플레이션으로 인해 갚을 때의 돈의 가치는 빌렸을 때의 가치보다 떨어지기 때문이다. 봉급생활자나 연금생활자들도 인플레이션 상황에서 손해를 보는데, 봉급 및 연금의 구매력이 인플레이션으로 인해 크게 떨어져서다. 인플레이션으로 인한 실물자산 선호, 예를 들어 부동산 선호 현상은 국민경제에 대표적인 해악이다. 평균적인 물가상승률보다 값이 더 많이 오르는 부동산이나 실물자산을 보유한 사람들은 인플레이션으로 큰 이익을 얻을 수 있다. 인플레이션 진행 기간에 빈익빈 부익부 현상이 극심해질 수 있는 것이다. 그리고 인플레이션은 수출 가격 경쟁력 악화 및 수입 증가로 인해 경상수지의 악화를 초래, GDP에 부정적인 영향을 미친다. 이러한 영향 때문에 각국 정부가 인플레이션 잡기에 적극 나서는 것이다.

국내 물가 상승 → 수출 가격경쟁력 악화 → 수출 감소 → 수입 증가 → 경상수지 악화

화폐

1 돈이란

돌고 도는 돈, 우리가 자본주의 경제 체제에 살고 있는 한 돈에 대한 이해가 금융시장을 이해하는 데 핵심 주제가 될 것이다. 돈을 통한 거래는 복잡한 현대사회에서 상당히 요긴하다. 돈이 없다면 우리는 필요한 물건을 물물교환을 통해 구입할 수밖에 없다. 하지만 물물교환을 통한 거래는 불편이 클 수밖에 없다. 물물교환을 위해서는 거래하려는 사람들이 상대방이 원하는 물건을 보유하고 있어야 하는데, 쌍방 간에 욕구가 일치하기 어렵기 때문이다. 돈은 이러한 문제를 깔끔하게 해결해준다. 음식점 주인은 손님이 자기에게 필요한 물건(재화나 서비스)을 제공해줄지에 대해 상관하지 않는다. 대신 돈을 받는다. 다른 사람들도 그 돈을 받을 것이라고 확신하기 때문이다. 사실 어떤 것이든 사회적으로 인정만 받으면 돈, 화폐로 통용될 수 있다. 과거에는 금은 등과 같은 귀금속이 화폐로 인정받았으나, 오늘날에는 정부의 보증으로 발행된 지폐[이를 법화(Fiat Money, 法貨)라 한다]가 일반적인 화폐로 인정된다.

일상생활에서 돈의 의미는 일반적으로 현금, 또는 재산을 의미한다. 돈이 많다는 말은 현금이 많다, 또는 재산이 많다는 뜻으로 통용된다. 그러나 경제학에서는 화폐란 단어를 더욱 구체적으로 사용한다. 즉, 화폐는 '재화와 서비스에 대한 지불이나 채무의 상환에서 일반적으로 받아들여지는 어떤 것'으로 정의하고 있다. 지폐나 동전 등과 같은 현금은 이 정의에 부합하므로 화폐의 한 형태라 할 수 있다. 수표도 지급수단으로 받아들여지기 때문에 화폐로 간주된다.

유가증권의 하나인 주식은 화폐라고 할 수 있을까? 주식은 화폐로 간주되지 않는다. 무엇을 사기 위해서는 주식을 현금으로 바꿔야 하기 때문이다. 주식은 화폐라기보다 재산으로 분류해야 할 것이다. 경제학에서 말하는 화폐의 정의와 비교했을 때 '현금'이라는 의미의 돈은 좁은 의미의 화폐의 정의인 데 비해, '재산'이라는 의미의 돈은 넓은 의미의 화폐의 정의다. 돈은 우리 일상생활에서 없어서는 안 될 수단이 되었다. 화폐의 막강한 기능이 있기 때문인데, 기능적인 측면을 살펴보자.

먼저 화폐는 재화나 서비스를 사는 사람이 파는 사람에게 주는 지불수단이다. 이를 교환의 매개수단이라 한다. 머리카락을 자른 후, 외식을 한 후, 컴퓨터를 산 후 대가를 지불하는 수단이라는 것이다. 화폐는 보편적으로 받아들여지는 매개수단이기 때문에 우리가 내는 돈을 상점 주인이 받지 않을 것이라는 의심은 하지 않아도 된다. 교환의 매개수단으로서 화폐를 사용하는 것은 재화나 서비스의 교환에 걸리는 시간을 최소화하여 경제의 효율성을 높이기 위해서다.

둘째, 화폐는 회계의 단위로 사용된다. 회사의 재무제표, 가계부를 작성할 때 사용되는 기준이 된다는 것이다. 킬로그램으로 무게를 측정하거나 킬로미터로 거리를 측정하듯, 화폐로 재화나 서비스의 가치를 측정한다. MP3 20만 원, 삼겹살 한 근 1만 원 등 경제적 가치를 측정하고 표기할 때 화폐를 회계 단위로 사용한다.

셋째, 가치의 저장수단이란 기능을 갖는다. 화폐는 시간을 두고 구매력을 저장하는 수단이다. 사람들은 대부분 소득을 얻은 즉시 지출하지 않고 쇼핑할 시간이나 필요가 있을 때까지 가지고 있기 때문에 화폐의 이러한 기능은 상당히 유용하다. 물론 화폐가 유일한 가치저장 수단인 것은 아니다. 주식, 채권, 토지, 주택, 예술품, 보석 등의 자산도 재산을 축적하는 데 사용된다. 보통 이들 자산은 배당, 이자, 가격 상승 등으로 화폐보다 높은 이익을 기대할 수 있어 저장수단으로 화폐보다 유리할 때도 있다.

그런데 사람들은 왜 화폐를 가치저장 일순위로 보는가? 이 질문의 답은 유동성이라는 중요한 개념과 관련되어 있다. 유동성이란 자산이 상대적으로 얼마나 쉽고 빠르게 교환의 매개수단으로 전환될 수 있는지를 나타낸다. 쉽게 말하면 현금화를 말하는 것이다. 화폐는 그 자체가 교환의 매개수단이기 때문에 가장 유동성이 높은 자산이다. 즉, 구매를 위해 화폐를 다른 자산으로 전환할 필요가 없다.

그러나 다른 자산은 화폐로 전환될 때 거래 비용이 발생한다. 금은 살 때와 팔 때 가격이 다르다. 살 때는 비싸게, 팔 때는 싸게 팔수밖에 없다(이를 Bid－Ask Spread라 한다). 주택을 사고팔 때는 중개 수수료가 발생한다. 현금이 급히 필요해 집을 팔 때는 낮은 가격으로 내놓아야 한다. 결국 화폐는 가치의 저장수단으로는 매력이 떨어진다 하더라도 유동성이 가장 높은 자산이기 때문에 사람들이 선호하는 것이다.

사실 화폐가 가치의 저장수단으로 얼마나 좋은지는 물가 수준에 달려 있다. '물가(인플레이션)' 부분에서 보았듯이 화폐가치는 물가 수준에 따라 달라지기 때문이다.

예를 들어 가격이 두 배로 올랐다면 화폐가치는 반으로 줄고, 가격이 반값으로 떨어지면 화폐가치는 두 배가 된다. 인플레이션 기간에는 화폐가치가 급속히 하락한다. 그러면 사람들은 화폐 형태로 자산을 보유하길 꺼리게 된다. 인플레이션 기간에 실물자산의 선호 현상이 두드러지는 이유가 바로 여기에 있는데, 급속한 인플레이션인 하이퍼인플레이션(Hyperinflation) 기간에는 화폐가 가치 저장 수단의 가장 마지막 단계에 놓일 것이다.

② 통화량(또는 화폐량)

시중에 유통되는 화폐의 양, 즉 통화량은 여러 경제 변수에 매우 큰 영향을 미친다. 따라서 시중에 돈이 얼마나 풀려 있는지는 정책 당국의 주요한 관심사 가운데 하나다. 시중에 돈이 얼마나 풀려 있는지를 측정하는 데 사용하는 지표를 통화량이라 한다. 그런데 화폐를 '재화와 서비스 지급에서 일반적으로 받아들여지는 어떤 것'

으로 정의할 경우, 화폐에 대한 정의는 사람들의 행위에 따라 달라질 수 있다. 바로 이러한 이유로 통화량을 측정하기 위해서는 어떤 자산이 통화량에 포함돼야 하는가 하는 엄밀한 정의가 필요하다. 여기서 한 가지를 가정해보자.

즉, 한 나라 국민의 화폐 수요가 일정하다면 통화량은 화폐 공급의 측정 지표라고 말할 수 있다. 통화량은 범위에 따라 여러 가지로 측정되는데, 현재 우리나라는 금융기관이 취급하는 금융상품의 유동성 정도에 따라 통화(M1)와 총통화(M2), 그리고 총유동성(M3) 등의 통화 지표를 편제하고 있으며, 이를 통화신용정책의 주요 지표로 이용하고 있다.

통화(M1)는 가장 좁은 의미의 통화량 지표라 할 수 있다. 화폐의 지급결제 수단으로서의 기능을 강조해 민간이 보유하고 있는 현금과 당좌예금, 보통예금 등 은행 요구불예금의 합계로 정의되고 있다. 요구불예금은 비록 통화는 아니지만 수표 발행 등을 통해 지급결제 수단으로 사용되거나 즉각 현금으로 교환할 수 있어 기능 면에서 현금과 거의 같기 때문에 통화(M1)에 포함되는 것이다.

통화(M1) = 현금 통화 + 요구불예금 + 수시 입출식예금

총통화(M2)는 통화(M1)보다 넓은 의미의 통화 지표로, 통화(M1)에 포함되는 현금과 요구불예금뿐만 아니라 정기예금, 정기적금 등 은행의 저축성 예금과 거주자 예금을 포함한다. 현금으로 빨리 전환이 가능한 상품을 포함하며, 시중 유동성을 중시하는 지표다. 저축성 예금은 거래수단보다 자산을 증식하거나 미래의 지출에 대비해 일정 기간 저축 수단으로 보유하지만 약간의 이자소득만 포기한다면 언제든지 인출이 가능해 요구불예금과 큰 차이가 없기 때문에 총통화에 포함된다.

총통화(M2) = M1 + 정기예·적금 / 부금 + 시장형 금융상품 + 실적 배당형 금융상품 등

총유동성(M3)은 모든 금융기관의 유동성을 파악할 목적으로 한 지표로, 총통화(M2)에 종합금융회사, 투자신탁회사, 상호신용금고, 새마을금고, 생명보험회사 등 비은행 금융기관의 각종 예수금 및 비은행 금융기관이 발행하는 금융채, 양도성예금증서(CD) 등을 포함한 가장 넓은 의미의 통화 지표다.

총유동성(M3) = M2 + 예금은행 및 비은행 금융기관의 기타 예수금

우리나라는 1997년 외환위기 이전까지 M2를 통화 관리의 중심 지표로 사용했으나, 그 이후에는 IMF와의 협의에 따라 M3를 중심 통화 지표로 이용하고 있다.

③ 왜 통화를 관리하는가

시중에 돌아다니는 돈의 양, 즉 통화량은 수시로 변한다. 여러 경로를 통해 시중에 돈이 공급되기 때문인데, 그 경로를 살펴보면 먼저 국민소득이 높아지면 통화량은 증가한다. 국민소득이 증가한다는 말은 쓸 돈이 많아진다는 뜻이므로, 시중에 돈이 많이 풀리는 것이다. 둘째, 정부의 통화·재정 정책에 의해 공급된다.

만일 정부가 경기회복을 위해 통화 공급 확대 및 세금을 내리는 감세 정책을 쓰면 시중 통화는 증가한다. 또한 수출이 잘되면 통화는 증가한다. 수출해서 번 돈이 미국 달러라면 기업은 노동자의 임금 등을 주기 위해 원화로 환전해야 한다. 이때 시중에 돈이 풀리게 된다. 그리고 외국인의 투자가 증대될 때도 통화는 증가한다. 외국인의 주식투자를 예를 들어보자.

외국인이 국내 주식을 사려면 원화가 필요하다(증권선물거래소에서 거래되는 주식은 모두 원화로 거래된다). 따라서 미국인 투자자라면 미국 달러를 원화로 환전해야 국내 주식을 살 수 있으므로 환전 과정에서 통화가 증가하는 것이다.

시중에 유통되는 돈의 양은 경제 변수에 큰 영향을 미친다. 화폐는 국민경제에 인체의 혈액처럼 중요한 기능을 수행하지만, 제반 경제 여건에 비해 지나치게 많으면 물가 상승 압력이 높아지고 지나치게 적으면 경제활동을 위축시켜 경기후퇴를 가져오는 등 경기 변동을 확대시킨다. 그래서 각국 정부는 적절한 통화 관리에 각별한 신경을 쓰는 것이다.

④ 통화정책

정부의 경제정책은 정부 지출과 조세정책 등 수요 관리의 수단인 재정정책과 통화 공급량의 조절을 통해 거시경제에 영향을 주는 통화정책으로 구분된다. 통화정책은 중앙은행(우리나라의 경우 한국은행)이 담당한다. 중앙은행은 궁극적으로 완전고용, 경제성장, 물가 안정, 이자율 안정, 금융시장의 안정, 외환시장의 안정을 목표로 활동하며 공개시장조작(Open Market Operations)과 지급준비율(Reserve Requirements), 재할인율(Discount Rate) 등의 정책을 통해 통화량을 조절한다.

공개시장조작이란 중앙은행이 민간으로부터 국채를 사거나 파는 행위를 말한다. 공개시장조작은 가장 중요한 통화정책 수단인데, 이자율과 화폐 공급 변동의 주요 원천인 본원통화(Monetary Base)를 결정하는 주요인이기 때문이다. 본원통화는 중앙은행의 현금 화폐와 지급준비금의 합계를 말하며, 중앙은행의 창구를 통해 시중에 나온 현금으로 이해할 수 있다. 본원통화는 시중은행의 예금과 대출 과정을 통해 예금 통화를 창조한다는 의미에서 고성능 화폐(High - Powered Money, 중앙은행은 화폐 공급량을 늘리기 위해 국채를 매입한다. 이 과정에서 매입 대금으로 지급한 돈이 시중에 유통되어 화폐의 양이 증가하여 단기 이자율은 하락한다)라고도 한다.

반면, 중앙은행이 통화량을 줄이고 싶을 때는 국채를 매각한다. 중앙은행으로부터 국채를 매입한 사람은 자신이 보유한 현금으로 매입 대금을 지불한다. 이 과정에 시중에서 유통되는 화폐의 양은 감소하며, 그 결과 단기 이자율은 상승한다.

중앙은행 국채 매입 → 통화량 증가 → 단기 이자율 하락

중앙은행 국채 매도 → 통화량 감소 → 단기 이자율 상승

중앙은행이 일반 시중은행에 대출을 해주면서 부과하는 이자율을 재할인율(Discount Rate)이라 하는데, 중앙은행은 재할인율을 이용해 통화량을 조절한다. 시중은행은 고객들의 예금 인출에 대비해 일정 현금을 보유(이를 지급준비금이라 한다)하고 있는데, 예금 감소나 갑작스런 과도한 대출 등으로 인해 지급준비금이 부족할 수 있다. 이때 중앙은행이 시중은행에 자금을 대출해주면 은행의 지급준비금이 증가하고, 이 지급준비금으로 시중은행의 추가 대출 등이 늘면서 통화량이 증가한다. 그런데 중앙은행이 재할인율을 인상하면 일반은행은 중앙은행으로부터 차입을 줄이는 대신 대출을 축소하거나 보유한 유가증권을 매각해 필요한 지급준비금을 마련하는데, 이 과정에서 시중의 통화 공급이 감소된다.

한편, 재할인율은 금융 공황을 막는 수단으로도 이용된다. 만일 은행이 도산할 위기에 처해 있다면 중앙은행이 지급준비금을 제공해 은행 도산을 막는 것은 물론 금융시장 안정을 꾀하는 것이다. 사실 하나의 은행이 도산하는 것은 그리 큰 문제가 되지 않는다. 그러나 하나의 은행 도산이 금융시장의 불안 심리를 자극해 다른 은행으로까지 파급, 금융시장의 불안정과 주식시장의 급락을 가져올 가능성을 미리 차단하는 데 그 목적이 있다. 이렇게 중앙은행이 곤경에 처한 금융기관을 돕는 기능을 중앙은행의 최종 대부자

(Lender of Last Resort)의 역할이라 한다.

중앙은행 재할인율 인하 → 시중은행 대출 증가 → 통화량 증가 → 단기 이자율 하락

중앙은행 재할인율 인상 → 시중은행 대출 감소 → 통화량 감소 → 단기 이자율 상승

중앙은행이 통화량에 영향을 미치는 또 다른 방법은 지급준비금 정책이다. 지급준비금에는 중앙은행이 은행으로 하여금 의무적으로 예금액의 일정 비율만큼을 보유하도록 하는 법정지급준비금, 은행이 자체의 관행에 따라 법정지급준비금을 초과해 보유하는 초과지급준비금이 있다. 지급준비금은 은행들이 예금액에 대한 지급준비금으로 보유하고 있어야 하는 최저 비율을 말한다.

지급준비율을 인상하면 은행들은 더 많은 지급준비금을 보유해야 하므로 대출할 수 있는 금액이 줄어 통화량이 감소한다. 반대로 지급준비율을 인하하면 대출 여력이 많아져 통화량이 증가한다. 그러나 지급준비율 정책은 은행의 영업에 혼란을 주고, 화폐 공급과 이자율에 큰 영향을 미치기 때문에 거의 이용하지 않는다.

예를 들어 중앙은행이 지급준비율을 인상하면, 지급준비금이 부족한 은행에서는 즉각적으로 유동성 문제가 발생할 수 있다. 따라서 자의적이고 불규칙한 지급준비율 변화는 은행들의 불확실성을 증대시키고, 유동성 관리를 더욱 어렵게 만든다. 이러한 이유로 최근 세계의 많은 중앙은행들은 법정지급준비금을 줄이거나 폐지하고 있다.

지급준비율 인상 → 예금의 양 감소 → 화폐 공급 감소 → 단기 이자율 상승

지급준비율 인하 → 예금의 양 증가 → 화폐 공급 증가 → 단기 이자율 하락

중앙은행은 이 같은 세 가지의 정책 수단을 통해 통화량을 조절하는데, 그 이유는 이자율을 알맞은 수준에서 관리하기 위해서다. 이자율의 변화는 경제의 많은 부문에 영향을 미치기 때문에 그때그때의 경제 상황에 맞춰 이자율을 적절한 수준으로 관리하는 것이 오늘날 각 나라의 경제정책의 중요한 과제가 되고 있다. 중앙은행이 통화정책을 수행하는 데 운용 목표가 되는 것을 기준금리라 하는데, 우리나라에서는 일반적으로 은행 간 콜금리 수준을 말한다. 콜(Call)금리는 매월 한국은행의 금융통화위원회에서 결정하

중앙은행 정책		통화량	단기 이자율
공개시장조작	국채 매입	증가	하락
	국채 매도	감소	상승
재할인율	할인율 인상	감소	상승
	재할인율 인하	증가	하락
지급준비율	지급준비율 인상	감소	상승
	지급준비율 인하	증가	하락

〔표 2-3〕 중앙은행의 정책이 통화량 및 이자율에 미치는 영향

비율(Reserve Requirements), 재할인율(Discount Rate) 등의 정책을 통해 통화량을 조절한다.

공개시장조작이란 중앙은행이 민간으로부터 국채를 사거나 파는 행위를 말한다. 공개시장조작은 가장 중요한 통화정책 수단인데, 이자율과 화폐 공급 변동의 주요 원천인 본원통화(Monetary Base)를 결정하는 주요인이기 때문이다. 본원통화는 중앙은행의 현금 화폐와 지급준비금의 합계를 말하며, 중앙은행의 창구를 통해 시중에 나온 현금으로 이해할 수 있다. 본원통화는 시중은행의 예금과 대출 과정을 통해 예금 통화를 창조한다는 의미에서 고성

목요일이면 기업이나 금융시장 관계자들은 이날 열리는 금융통화
위원회에 촉각을 곤두세우는데, 코스피200 선물·옵션 만기일과
맞물려 예상하지 못한 결과가 나올 때 주식시장의 변동성을 높이
기도 한다.

특히 미국 연방공개시장위원회(FOMC, Federal Open Market
Committee)의 연방기금 금리에 관한 결정은 전 세계 시장참가자들
의 관심 대상인데, 예상치 못한 결과가 나올 때는 전 세계 금융시
장이 요동을 칠 만큼 미국의 금리는 영향력이 크다.

	금리		기능	내용		비고
한국	기준금리	콜금리	운용 목표	은행 간의 자금 차입 금리(1일 콜금리)	콜시장	–
	재할인율	유동성 조절 대출	통화정책 보조 수단, 금융시장 안정 등	일시적인 유동성 위기에 빠진 은행 지원	–	콜금리보다 0.25%p 낮음
미국	기준금리	연방기금 금리	운용 목표	은행 간 초단기 자금 거래	연방기금시장	–
	재할인율	Primary Credit	통화정책 보조 수단, 금융시장 안정 등	일시적인 유동성 위기에 빠진 은행 지원	–	연방기금 금리보다 0.25%p 낮음

〔표 2-4〕 한국과 미국 중앙은행의 정책 금리 비교

5 우리가 돈을 지니고 있는 이유 : 화폐의 수요

　지금까지는 통화량, 즉 화폐의 공급에 대해 알아봤다. 이때 화폐의 수요는 일정하다고 가정했는데, 우리는 왜 화폐를 지니고 있는 것일까? 사실 화폐를 가지고만 있으면 아무런 이득이 없다. 예금에는 최소한의 이자 소득이 있지만 우리의 수중에 있는 화폐에는 어떠한 이득도 따르지 않는다. 하지만 화폐를 보유하는 것은 우리들에게 편리를 제공해주기 때문이다. 이것은 사람들이 왜 화폐를 가지고 있으려 하는가, 즉 화폐 보유의 동기와 관련돼 있다. 경제학자 케인스(John Maynard Keynes)는 화폐 수요의 동기를 다음과 같이 세 가지로 정리했다.

　첫째, 거래적 동기(Transactions Motive)다. 사람들은 돈을 벌기 위해 일하고, 번 돈으로 필요한 물건을 구입한다. 이것은 필요한 물건의 거래를 위해 돈이 필요함을 의미한다. 화폐는 이러한 물건의 거래를 쉽고 편리하게 해준다. 이와 같이 물건의 거래를 위해 화폐를 필요로 하는 것을 거래적 동기의 화폐 수요라 한다. 이 경우, 많은 물건을 사기 위해서는 많은 화폐가 필요하다. 따라서 거래적 동기의 화폐 수요는 사람들의 소득수준(국민소득)에 달려 있다고 볼 수 있다. 사람들의 소득이 높아지면 물건을 더욱 많이 구입할 것이고, 그러면 이를 위해 더 많은 돈이 필요할 것이다.

둘째, 예비적 동기(Precautionary Motive)다. 사람들은 예상하지 못한 지출에 대비하기 위해 화폐를 보유하는데, 이러한 목적에 의한 화폐 수요를 예비적 동기의 화폐 수요라 한다. 가족 가운데 누가 아프다든지, 세일 중인 LCD TV를 구입하든지 하는 경우를 말한다. 이러한 예비적 동기의 화폐 수요의 크기는 미래에 발생할 것으로 예상되는 거래 규모에 달려 있으므로, 이 역시 소득 수준(국민소득)에 비례한다.

셋째, 투기적 동기(Speculative Motive)다. 화폐는 재산의 축적수단과 저장수단이 될 수 있는데, 이러한 목적에 의한 화폐 수요를 투기적 동기의 화폐 수요라 한다. 재산은 소득과 밀접한 관계를 가지고 있기 때문에 투기적 동기의 화폐 수요도 국민소득과 관련이 있지만 물가, 이자율 변화가 더 큰 영향을 미친다. 예를 들어 이자율이 오르는 경우를 생각해보자.

금고에 있는 1억 원은 아무런 현금 흐름이 없다. 그러나 1억 원을 5%짜리 채권에 투자했다면, 1년 뒤에는 1억 500만 원이 된다. 이자율이 7%로 상승했다면, 1년 뒤에는 1억 700만 원이 된다. 그러면 이자율이 상승할 때 현금을 자산으로 보유하는 것이 유리한가, 채권으로 보유하는 것이 유리한가 하는 점은 자명해진다.

이렇듯 이자율 상승은 자산으로서의 화폐의 매력을 떨어뜨리고, 그렇게 되면 사람들은 화폐의 수요를 줄일 것이다.

그러나 이에 대해 경제학자 피셔(Irving Fisher)는 화폐 수요에 이자율은 아무런 영향을 미치지 못한다고 주장했다. 즉, 화폐 수요는 오직 국민소득에 의해 결정되며, 이자율은 화폐 수요에 아무런 영향을 미치지 못한다는 것이다.

이와 같이 화폐의 수요를 결정하는 데 실질 국민소득과 이자율이 커다란 영향을 미친다고 볼 수 있다. 예를 들어 실질 국민소득의 증가 및 이자율 하락 등은 거래적 수요의 측면에서, 또는 자산으로서의 화폐 측면에서 화폐에 대한 수요를 증가시킬 것이며, 반대로 실질 국민소득 감소 및 이자율 상승은 거래적 동기의 화폐 수요를 감소시키고 자산으로서의 화폐의 매력을 떨어뜨려 화폐에 대한 수요를 줄일 것이다.

6 화폐의 공급과 수요의 만남 : 이자율의 결정

화폐의 수요에 영향을 미치는 여러 요인 가운데 이자율은 매우 중요하다. 일반적으로 이자율 상승은 화폐 보유의 매력을 떨어뜨려 화폐 수요를 감소시킨다. 즉, 이자율과 화폐 수요는 반대 방향으로 움직인다. 그런데 화폐 공급은 중앙은행의 금융정책을 통해 결정된다.

중앙은행은 통화량 조절을 매우 신중하게 결정하는데, 불규칙적으로 자주 통화량 조절에 나선다면 불확실성 증대로 통화정책의 신뢰성이 떨어지기 때문이다. 따라서 화폐 공급은 단기적으로 일정하다고 볼 수 있다. 이자율은 화폐의 수요와 공급이 만나는 지점에서 결정된다. 그러면 이자율이 변하는 이유는 무엇일까? 결국 화폐의 수요와 공급에 영향을 미치는 많은 요인들이 이자율을 변화시키는 요인이 될 것이다.

예를 들어, 실질 국민소득이 증가했다면 화폐의 수요는 늘어난다. 화폐의 공급이 일정 수준에 머물러 있을 때 화폐의 수요 증가는 이자율 상승으로 이어질 것이다. 만일 중앙은행이 통화 공급을 늘리기로 결정했다면, 화폐 공급 증가에 의해 이자율은 낮아질 것이다.

경기

1 경기란

　우리는 일상생활에서 "요즘 불경기라 참 힘들다" 또는 "호경기다"는 등의 표현을 자주 쓴다. 경제 기사에서도 '경기'라는 단어가 자주 등장한다. 〔기사 2-2〕의 제목을 보면 '경기회복 예상보다 빠르다'라고 표현되어 있다. 여기서 말하는 '경기'란 경제활동의 전반적인 추세를 의미한다. 경기의 동향은 매일 우리 생활의 작은 움직임이 누적된 결과다. 우리는 회사에서 봉급을 받아 식비나 의류, 자동차 구입 등에 충당한다. 봉급은 일정하게 정해져 있지만, 예상치 못한 보너스가 지급된다면 평소에 가지고 싶었던 물건을 살 수도 있다. 우리의 수입과 지출이 변동하는 이유는 회사의 실적이 변화하기 때문이다. 회사의 실적이 좋지 못하다면 진급 대상자도 축소되게 마련이며, 보너스는커녕 최악의 경우 구조조정의 대상이 될 수도 있다.

반면 회사의 실적이 좋다면 특별 보너스뿐만 아니라 많은 직원이 진급할 수 있으며, 그 회사의 주가도 상승해 주주도 수혜를 입을 수 있다. 전체적으로 실적이 좋은 회사가 많다면 많은 사람들의 수입이 증가하고 주가도 오르므로 경제활동이 활발해 경제는 호황을 누리게 된다. 반대의 경우는 경제활동이 위축되어 경제는 정체될 것이다. '경기'란 이러한 경제활동의 상태를 일컫는 말이다. 좀 더 구체적으로 표현하면 경기는 국민경제의 총체적인 활동 수준으로 실물과 금융 및 해외 부문의 활동을 망라한 거시경제변수들의 움직임이 종합된 것이다.

그런데 경기는 파도와 같이 순환하며 변동한다. 이를 경기순환이라 부르는데, 경기는 장기적 관점에서 경제의 장기 성장 추세를 중심으로 끊임없이 상승과 하강을 반복하며 변동한다는 의미다. 이때 경기의 저점에서 다음 저점까지의 기간을 경기 주기라 하고, 저점에서 정점까지의 높이를 진폭이라고 부른다.

경기회복 예상보다 빠르다

韓銀 "작년 11월 이후 생산, 수출, 소비 회복세 뚜렷"

박승 한국은행 총재는 12일 금융통화위원회 본회의 직후 기자간담회를 열어 "지난해 11월부터 생산, 수출, 소비 등 모든 면에서 회복세가 뚜렷해지고 있다"고 말했다. 그는 특히 '뚜렷' 이라는 표현에 힘을 실어 "그동안 부진했던 설비투자도 한은 자체 추계 결과 상당한 폭으로 증가하고 있다"고 말했다. 그리고 "경제성장, 물가안정, 국제수지 흑자가 고르게 성취되는 성장궤도에 들어 선 것으로 판단된다"고 덧붙였다. 한은이 경기회복이 예상보다 빠르다고 판단한 것은 지난해 11월 경기지표가 10월보다 확연하게 좋아졌기 때문이다.

소비재 판매액은 지난해 10월 전년 동기 대비 3.7% 증가에서 11월 5.9% 증가로 올라섰다. 설비투자는 전년 동기보다 6.9%로 뛰었으며 건설기성액 역시 3.6%에서 11.0%로 급증했다. 그동안 부진했던 소비 관련 지표는 지난달 백화점 · 할인점 매출과 신용카드사 용액이 소비회복 확산과 한파 영향 등으로 증가세가 크게 확대됐다. 승용차 내수 판매도 지난해 10월 전년 동기 대비 5.3% 증가에서 11월과 12월은 각각 16.8%, 31.8% 등 두 자릿수 증가율을 보일 정도로 급증했다.

박 총재는 "지난해 1~2분기 바닥을 지나던 경기가 3분기에 연 환산 성장률로 7%에 달하며 회복 기조가 나타나기 시작했다"며 "11월 모든 경기 관련 지표들이 10월 이전과 비교해 큰 차이가 날 정도로 업그레이드됐다"고 강조했다.

한은이 자체 모니터링 등을 통해 분석한 12월 경기지표도 11월에 이어 여전히 강한 회복세를 보이는 것으로 나타났다. 김재천 한은 조사국장은 "연말 등 일시적인 요인도 있겠지만 11월에 이어 12월 경기지표도 우리가 기대했던 것보다 회복세가 더 강한 것 같다"고 설명했다.

물론 경기회복에 대한 불안정한 시그널이 없는 것은 아니다. 이날 금통위에서도 경기회복이 지속적으로 이어질 것인지에 대해 활발한 토론이 있었던 것으로 알려졌다.

박승 총재는 "아직도 경기회복에는 불확실한 요인이 있다"며 "경기회복세를 정착시키기 위해 이달 콜금리를 동결한 것"이라고 설명했다.

한은이 경기불안 요인으로 가장 먼저 꼽는 것은 불안한 원화 값이다. 원화 값 상승이 대기업 수출 경쟁력에는 큰 영향을 주지 못하지만 중소기업에는 수출 감소라는 직격탄을 날릴 수 있다는 분석이다. 또 수출 가격 하락으로 인해 전반적으로 낮아지는 기업 채산성 문제는 증시에도 좋지 않은 영향을 줄 수 있다는 판단이다. 또 자산가격 거품 문제도 있다. 지난 5일 한은이 발표한 '2006년 통화신용정책 운용 방향'에서 자산 거품 현상으로 인한 시장 불안을 막는 것을 올해 통화정책 운용 방향이라고 밝힌 것처럼 자산 거품 가능성에 대해 한은은 경계심을 높이고 있는 상황이다. 여기에 부동산과 주가 안정, 유가와 노사관계, 중국 경제를 비롯한 대외 요인 등이 올해 경기를 좌우할 수 있는 위험 요소로 한은은 보고 있다. [이승훈 기자]

경기순환의 과정은 대체로 2단계로 구분해 저점에서 정점까지를 확장 국면(Expansion), 그리고 정점에서 저점까지를 수축 국면(Contraction)이라고 부른다. 더욱 자세하게는 경기의 평균 수준을 기준으로 하여 확장 국면을 회복기(Recovery)와 확장기로 나누고 수축 국면을 후퇴기(Recession)와 수축기(Contraction)로 나누는 4단계의 구분법을 사용하기도 한다. 〔기사 2-2〕의 '경기회복 예상보다 빠르다' 라는 표현은 경기가 저점을 통과하고 확장 국면에 돌입했다는 의미로 해석할 수 있다.

경기순환을 살펴보면 몇 가지 중요한 특징을 알 수 있다. 첫째 각 순환 과정의 주기와 진폭이 다르며, 일반적으로 한 주기 내에서도 확장기와 수축기의 길이가 다르게 나타난다는 점이다. 〔표 2-5〕를 보면 우리나라의 경기 확장기가 31개월, 수축기가 18개월로 비대칭적이라는 사실을 알 수 있다. 이러한 특징 때문에 경기 예측이 상당히 힘든 것이다.

둘째, 경기의 파급효과는 시차를 두고 다음 단계로 파급된다. 예를 들어 장래의 경기를 미리 예고하는 수주 활동이 활발해질 경우, 이의 효과가 일시에 여러 부문으로 파급되는 것이 아니라 상당한 시간이 경과한 뒤 '생산 → 고용 → 소득 → 소비' 의 순서로 영향을 미친다. 또한 이러한 경기의 파급 경로는 산업이나 지역에 따라

	기준 순환일			지속 기간(개월)		
	저점	정점	저점	확장기	수축기	순환기
제1순환기	1972년 3월	1974년 2월	1975년 6월	23	16	39
제2순환기	1975년 6월	1979년 2월	1980년 9월	44	19	63
제3순환기	1980년 9월	1984년 2월	1985년 9월	41	19	60
제4순환기	1985년 9월	1988년 1월	1989년 7월	28	18	46
제5순환기	1989년 7월	1992년 1월	1993년 1월	30	12	42
제6순환기	1993년 1월	1996년 3월	1998년 8월	38	29	67
제7순환기	1998년 8월	2000년 8월	2001년 7월	24	11	35
제8순환기	2001년 7월	2002년 12월		17		
평균				31	18	50

〔표 2-5〕 우리나라의 경기순환

각각 다르게 나타난다.

셋째, 경기가 확장에서 수축, 또는 수축에서 확장 국면으로 일단 반전되기 시작하면 경제활동은 일정한 방향으로 누적적인 확대 현상을 보인다. 경기가 확장 국면에 접어들었다 하더라도 초기에는 일부 부문에 국한해 영향을 주나 시간이 흐를수록 그 파급 정도가 강해져 경기 흐름은 한층 빨라지고 증폭되어 나타난다. 경기의 이

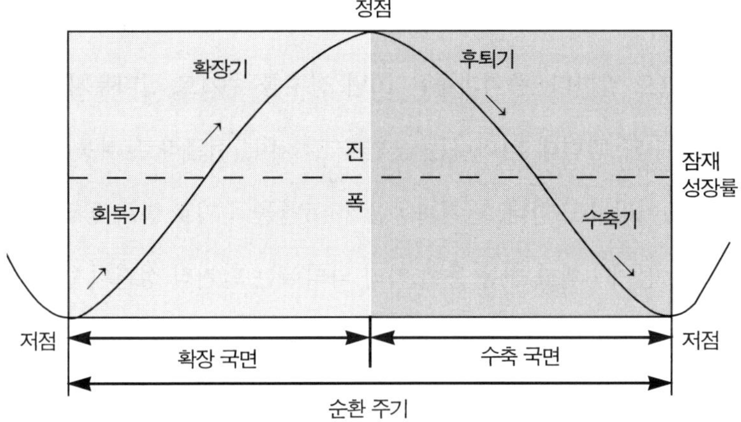

〔그림 2-2〕 경기순환의 과정

러한 특징 때문에 경기회복 초기에는 특정한 부문에서만 경기회복 신호를 느낄 수 있다. 불을 지폈을 때 윗목부터 따뜻해지고 아랫목으로 그 열기가 점차 퍼지듯, 경기도 특정 부문에서 미세한 회복 신호를 보낸 뒤 시간이 흐르면서 점차적으로 확산되는 것이다.

이와 같은 순환 과정을 가지는 경기변동에는 일반적으로 1회의 순환에 소요되는 주기의 장·단기에 따라 장기파동, 중기파동, 단기파동으로 구분된다. 장기파동은 50~60년을 주기로 기술혁신, 전쟁, 자원 개발 등에 의해 나타나는 장기적 성격의 경기순환을 말하며, 발견자의 이름을 따서 콘드라티예프 파동(Kondratiev Cycles)이라고도 말한다. 중기파동은 10년 전후를 주기로 설비투자의 내용 연수와 관련해 나타나는 순환을 말하며, 쥐글라르 파동(Juglar Cycles)이라고도 한다. 단기파동은 2~6년을 주기로 통화 공급이나 금리·물가·재고 변동 등에 따라 나타나는 단기적 성격의 변동으로, 키친 파동(Kitchin Cycles)이라고도 한다.

한편 내구소비재순환 또는 건축순환이 있는데, 이는 영국 및 미국 등에서 17~20년을 주기로 주택·건설 변동을 축으로 파악한 순환을 말한다.

하지만 현실적으로는 하나의 중기파동에 몇 개의 단기파동이 혼재되는 등 여러 가지 성격의 경기순환이 복합되어 나타나므로 일정 기간에 관찰된 경기순환의 흐름을 몇 개의 파동으로 정확히 구분해 관찰하기는 매우 어렵다.

또한 앞서 설명한 파동 이론은 경기순환에 대해 마치 파동 주기가 일정한 것처럼 설명하지만, 경제학자 미첼(Wesley Clair Mitchell)은 "반복적이지만 주기적인 것은 아니다(Recurrent but not periodic)."라고 주장한다.

경기변동의 예를 1929년 10월 미국 주가 폭락에서 시작된 세계 공황에서 찾아볼 수 있다. 이때 세계 각국에서 은행을 비롯해 많은 기업이 도산하고 실업자가 넘쳐났다. 이러한 경기후퇴로 생산 · 투자의 둔화 → 고용 · 소득의 감소 → 소비 감소 → 경기 수축으로 이어지는 현상을 경기 악순환이라 부른다. 꼬리에 꼬리를 물고 나쁜 현상이 이어지는 것을 말한다. 반면 경기회복으로 생산 · 투자의 확대 → 고용 · 소득의 증가 → 소비 증대 → 경기 확장으로 이어지는 현상을 경기 선순환이라 부른다.

〈경기 선순환〉

소비 회복(경기회복) → 생산 · 투자 확대 → 고용 · 소득 증가 → 소비 증가 반복

〈경기 악순환〉

소비 둔화(경기후퇴) → 생산 · 투자 둔화 → 고용 · 소득 둔화 → 소비 둔화 반복

❷ 경기변동의 원인과 최근 경향

경기변동은 왜 발생할까? 일설에 의하면, 경기변동은 자본주의 경제의 속성이라고 한다. 17세기 영국의 산업혁명을 기점으로 자본주의가 도입된 이래, 서방국가들의 경제는 눈부신 성장을 이루었으나 이러한 경제성장은 결코 완만히 진행되지 않았다. 어떤 때는 급속한 성장, 어떤 때는 후퇴와 하강을 보인 것이다. 하지만 자본주의 경제성장의 역사가 경기 확장 국면과 침체 국면이 서로 뒤따르면서 경제가 성장해온 경기순환적 변동의 역사라고는 하나 경기변동이 반드시 자본주의만의 속성이라고 보기 힘들다. 사회주의 경제도 가뭄, 수해 등과 같은 음(−)의 공급 충격이 있으면 경기변동은 불가피하기 때문이다.

한편 경기변동의 소멸 여부에 관한 경제학자들 간의 의견도 다양하다. 피셔는 경기순환이 자본주의 시장경제 초기에만 나타나는 현상으로, 현대적 의미의 시장경제에서는 이미 소멸됐다고 주장한다. 그러나 루카스(Lucas)는 경기순환은 시장경제에 필연적으로 나타나는 현상일 뿐 아니라 모든 경기순환은 시공을 초월해 본질적으로 동일하며 그것에 관한 일반적인 법칙을 도출해낼 수 있다고 주장한다. 1990년 미국이 장기호황을 누리자 경기순환이 소멸됐다는 주장이 나왔으나, 2000년 들어 미국 경제가 하락세로 전환되자 이런 희망적인 예측은 언제 그랬느냐는 듯 결국 잘못된 것으로 드러났다.

하지만 경기순환 소멸론이 대두됐다는 사실 자체가 세계 경기순환의 특징과 양태가 어느 정도 변화되었음을 시사한다. 따라서 경기변동의 소멸 여부보다는 경기변동의 변화와 특징을 주목하는 것이 더욱 큰 의미가 있다. 최근 경기변동의 특징을 살펴보면, 먼저 경기침체는 짧아지고 경기확장은 길어진다는 점이다. 확장기가 길어졌다는 말은 상대적으로 수축기가 짧아졌다는 의미다. 이는 경기순환의 변동성이 완화됐다는 뜻으로, 구조적 변화 및 안정화 정책의 적극적인 채택 등에 의한 결과다.

즉, 경제구조가 변동성이 심한 농업 부문과 경기에 민감한 제조업 부문이 큰 비중을 차지하던 구조에서 경기를 덜 타는 서비스 및 공공 부문 중심으로 변화되었으며, 금융시장의 발달과 예금보장제도 등의 도입으로 금융 부문에 안정성이 강화되었기 때문이다.

둘째, 세계경제가 동조화되면서 한 국가가 다른 국가들과 동시에 경기침체에 빠지는 현상이 반복해 나타나고 있다. 1970년대 중반, 1980년대 초, 1990년대 초에 선진국들 경제가 동반 하락을 경험했는데, 이는 시장경제 체제의 확대에 따른 각국의 경제 개방으로 세계무역이 증대했고, 또한 금융시장 자유화로 세계 자본 흐름의 규모와 속도가 가속화됐기 때문이다.

셋째, 경기침체와 투자의 상관관계가 더욱 긴밀해지고 있다. 과거에는 경기가 확장 국면에 있을 경우, 지나친 과열을 막기 위해 중앙은행이 통화긴축정책을 운용함으로써 일반적으로 경기가 침체 국면으로 전환되었으나, 근래에 들어서는 경기침체가 투자 위축과 함께 나타나고 있다. 다시 말하면 최근 세계경제가 직면하고 있는 경기하락의 주요인은 중앙은행의 통화정책 변화 때문이 아니라 기업 부문의 투자 위축, 특히 IT 설비에 대한 투자 급감에서 비롯되었다. 이는 투자가 경기침체에 미치는 역할이 증대돼왔다는 것을 의미한다.

마지막으로 자산가격 변동이 경기순환과 밀접한 관계를 보인다는 점이다. 1980년대 초 광범위하게 일어난 금융규제 완화와 자본시장의 세계화 이후, 선진국들에서는 대체로 자산가격이 크게 상승하는 추세를 보였다. 이런 큰 흐름 속에서도 주식 및 부동산 가격은 급격한 등락을 겪어왔으며 전반적인 경제활동 동향 즉, 경기순환과 매우 긴밀한 상관관계를 보였다. 일반적으로 많은 국가에서 주식시장 동향은 GDP 성장률의 변동을 예측하는 데 주요 선행지표로 쓰이고 있다. 실제로 대부분의 나라에서는 경기침체가 나타나기 전 반드시 주가의 급락이 선행되는 경험을 가지고 있다. 부동산 시장은 이러한 예측 기능이 약하며, GDP 흐름에 선행하기보다는 그와 동시에 움직이는 경향을 보이고 있다. 이는 부동산이 단

기적으로 공급이 한정되어 있으며 유동성도 약하기 때문이다

자산가격의 변동이 어떠한 경로를 통해 경제활동, 즉 경기에 영향을 미치는 것일까? 국민소득에서 보았듯이 국민소득에 기여하는 요인 중 소비와 투자의 영향력은 대단히 크다. 자산가격의 변화가 소비와 투자에 상당한 영향을 미친다면 자산가격이 경기변동에 큰 영향을 준다고 볼 수 있다. 자산가격이 민간 소비에 미치는 영향과 관련해 널리 알려진 이론으로 '부의 효과(Wealth Effect)'가 있다. 우리들의 소비지출은 물가에 영향을 받는데, 물가가 하락하면 부의 실질 가치가 증가하므로 수요가 증대되고, 반대로 물가가 상승하면 실질 가치가 하락하므로 수요가 감소한다. 이러한 현상을 부의 효과, 또는 '실질잔고효과(Real Balance Effect)'라 한다. 자산가격이 민간 소비에 영향을 미치는 경로는 다음과 같이 생각해볼 수 있다.

소비지출은 가계의 소득을 바탕으로 이뤄지는데, 가계에서 금융과 부동산은 주요 소득원이다. 따라서 이런 자산의 가격 변동은 소비에 영향을 미칠 수밖에 없다. 주식 전광판이 빨갛게 달아오를 때 여의도 증권가가 흥청거리는 것, 보유하고 있는 부동산 가격이 상승할 때 고급 자동차의 판매가 늘어나는 것 등이 부의 효과일 것이다. 또한 사람들이 금융기관으로부터 대출을 받을 때 담보물의 가치 즉, 소유하고 있는 부동산 등 자산의 가격이 중요한 영향을 미

치는 게 사실이다. 따라서 보유 자산의 시장가치가 차입에 영향을 준다면 소비에도 영향을 줄 것이 분명한 것이다([기사 2-1]에서 미국의 민간 소비 위축 원인이 금리인상으로 인한 주택시장 위축 때문에 비롯되었다는 기사 내용은 자산가격이 민간 소비에 영향을 미친다는 것을 말한다).

대부분의 선진국에서는 주식시장의 변동이 민간 소비에 큰 영향을 미치는 것으로 알려져 있다. 그러나 그 영향의 정도는 나라마다 다르게 나타나는데, 가계의 주식 보유 비중이 높은 미국에서 가장 크게 나타났다. 다음은 캐나다 · 독일 · 일본 · 영국 등이었고, 프랑스와 이탈리아에서는 그다지 밀접한 관련이 없는 것으로 드러났다. 이는 상대적으로 유럽 국가들 가계가 다른 금융 자산에 비해 주식 보유 비중이 낮기 때문일 것이다. 우리나라에서도 주식형 펀드의 비중이 증대되고 있고, 퇴직연금제도 도입 등으로 앞으로는 주식시장 변동이 민간 소비에 미치는 영향이 무시하지 못할 수준으로 높아질 것으로 보인다.

한편 자산가격의 상승은 기존 자본에 비해 신규 자본의 조달 비용을 감소시켜 투자에도 영향을 미친다. 만일 신규 자본 조달 비용 대비 자본의 시가 평가액, 즉 주식의 시장가치 비율이 상승하면 투자는 늘어날 것이며, 이 비율이 하락하면 투자는 감소할 것이다.

이것이 '토빈의 q(Tobin's q)'라고 불리는 비율이다.

시가 평가액이 신규 자본 조달 비용보다 크다는 말은 기업이 보유하고 있는 자본재의 가치가 자본재를 새로 구입하는 비용보다 높다는 말이다. 이 경우, 기업은 주식시장에서 주식을 발행해 조달한 자본으로 자본재 구입을 확대할 것이다. 결국 토빈의 q 이론에 따르면 주가와 기업 투자 간에는 정(+)의 관계가 존재하므로, 주식시장이 상승할 때 기업 투자는 증가한다고 말할 수 있다.

또한 많은 연구에서 향후 경제에 대한 낙관적인 전망이 예상될 때 기업의 설비투자는 확대되는 것으로 나타났다. 그런데 주식시장 동향은 미래 GDP 성장률에 대한 선행지표가 되기 때문에 주식시장 동향이 현재의 투자에 영향을 미칠 것이다.

최근 경기변동의 특징을 정리하면, 경기변동은 소멸된 것이 아니라 침체의 빈도와 정도가 완화되고 확장 기간이 장기화되는 양상으로 변화했다고 볼 수 있다. 또한 세계경계의 동조화 현상이 심화되었고, 투자가 경기순환에 미치는 영향이 커졌다. 1970년대 이후 선진국에서 나타난 거의 모든 경기침체에서 민간 설비투자의 감소가 과거 어느 때보다도 큰 원인으로 작용했다. 자산가격이 소비 및 기업 투자에 미치는 영향을 생각해본다면 주식시장과 경기순환의 관계도 더욱 긴밀해졌다고 볼 수 있다.

③ 경기 예측 방법, 경기종합지수

[기사 2-2]를 보면 2005년 11월부터 우리나라의 경기는 회복세를 보이고 있다. 그렇다면 정책당국, 기업, 투자자의 관심은 경기 회복세가 언제까지 지속될 것이며, 언제 경기가 정점에 도달할 것인가 하는 경기 예측에 있을 것이다. 경기를 정확하게 예측할 수 있을 때 각 경제 주체들이 미래를 대비할 수 있기 때문이다. 경기 예측은 경제지표와 설문조사, 계량 모형 등을 활용하여 한다.

경제지표를 이용하는 방법은 생산, 투자, 고용 등 경기의 움직임을 잘 반영하는 개별 경제지표의 추이를 살펴 경기를 예측하는 것이다. 여기에는 도·소매 판매액, 소비자 출하지수, 투자 활동과 관련한 산업생산지수, 생산자 출하·재고지수 등이 있다. 산업생산지수는 일정 기간에 이뤄진 산업 생산의 수준을 나타내는 지표로, 경기 전체의 흐름과 거의 유사하게 움직이는 대표적 동행지표다. 산업생산지수는 GDP와 함께 핵심적 지표로 사용되는데, 우리나라에서는 광업·제조업·전기가스업을 대상으로 매월 작성한다. 개별 경제지표는 부문별 경기 판단에는 유용하지만 전체적인 파악이 어렵고, 개인적인 주관이 개입될 소지가 있다는 단점

선행종합지수	동행종합지수	후행종합지수
1. 구인 · 구직 비율	1. 비농가 취업자 수	1. 이직자 수
2. 재고순환지표	2. 산업생산지수	2. 상용 근로자 수
3. 소비자기대지수	3. 제조업 가동률지수	3. 생산자 제품 재고지수
4. 기계 수주액	4. 도 · 소매 판매액지수	4. 가계 소비지출
5. 자본재 수입액	5. 건설기성액	5. 소비재 수입액
6. 건설 수주액	6. 서비스업 활동지수	6. 회사채 유통수익률
7. 코스피지수	7. 수입액	
8. 총 유동성	8. 내수출하지수	
9. 순상품 교역조건		
10. 장 · 단기 금리 차		

〔표 2-6〕 경기종합지수 구성 지표

이 있다. 따라서 국민경제 전체의 경기 동향을 파악하기 위해서는 각종 지표들을 종합해 분석할 필요가 있는데, 각국에서는 경기 동향을 민감하게 반영하는 주요 개별 경제지표를 선정한 뒤 이들 지표를 가공 · 합성한 경기종합지수(Composite Index)를 활용하고 있다. 경기종합지수에는 선행종합지수, 동행종합지수, 후행종합지수가 있다.

〔기사 2-3〕 〈매일경제신문〉 2005년 12월 30일자

지표 경기 회복세 완연

안개 속 건설경기가 본격 회복에 걸림돌

◆ 새해 경기 어떻게 될까 ◆

생산과 소비, 설비투자 등 3대 경기지표가 모두 큰 폭으로 증가하는 호조를 보여 새해에 경기가 본격 회복될 것이라는 기대감이 높아지고 있다. 현재 경기를 보여주는 동행지수 순환변동치도 4개월 만에 상승했고, 앞으로의 경기 전환을 예고해주는 선행지수 순환변동치도 증가 폭이 커졌다. 지표만 놓고 보면 경기가 완연한 회복세를 타기 시작한 셈이다.

그러나 잘되는 업종과 못 되는 업종의 양극화가 심해지고 있으며 부동산 대책 등의 영향으로 건설 경기가 불안한 모습을 보여 낙관하기는 이르다는 분석도 있다.

최인근 통계청 경제통계국장은 "지표상으로는 상반기부터 회복 국면에 접어들었고 생산, 소비, 투자의 증가폭이 커졌으나 아직 경기의 본격적인 회복을 장담하지는 못한다"고 말했다.

29일 통계청이 발표한 '11월 중 산업 활동 동향'에 따르면 산업생산은 지난해 같은 달보다 12.2% 증가했다. 이는 지난 1월 14.3% 이후 10개월 만에 가장 큰 증가 폭이다. 소비재 판매는 자동차 판매 호조 등에 힘입어 전년 동월보다 5.9%나 증가했다. 설비투자도 지난 8, 9월 연속 마이너스를 기록하다가 10월 1.7%로 소폭 증가하는 부진을 보였으나

11월에는 전년 동월 대비 6.9%나 급증했다.

◆ 회복세 완연 = 윤종원 재정경제부 종합정책과장은 "예상보다 지표 경기회복세가 빠르다"며 "수출도 괜찮고 소비도 기대 이상으로 좋게 나타났다"고 말했다. 실제 지표경기는 큰 폭으로 호전됐다.

지난 11월 승용차 판매가 특소세 효과와 신차 효과에 따라 전년 동월보다 19.9%나 증가한 데 힘입어 내구재 판매가 9.8% 늘었다. 생산지표를 보면 제조업 생산이 12.6% 증가했고 출하는 내수가 6.7%, 수출이 14% 늘어났다. 내수용 소비재 출하는 9.1% 늘어 2002년 10월(10.9%) 이후 37개월 만에 가장 큰 폭으로 늘었다. 재고증가율도 2분기에 7.9%, 3분기에 6.8%에 달하던 것이 11월에는 4.5%로 뚝 떨어졌다.

◆ 양극화 심화 = 산업 생산을 보면 반도체가 전년 동월보다 45% 증가한 것을 비롯해 자동차가 14.1%, 영상음향통신이 15.0% 늘어났다. 반면 섬유제품은 전년 동월보다 11.2%나 감소했고 사무회계용 기계도 7.3% 줄어드는 등 상황이 좋지 않은 업종도 적지 않다. 반도체, 자동차, 영상음향통신 등 3개 주도 업종을 제외하면 산업생산 증가율은 2.0%에 불과했다.

내수출하도 중간재와 소비재는 각각 8.8%, 9.1% 증가했지만 자본재는 0.7% 감소했다. 제조업 가동률도 자동차 11.6%, 영상음향통신이 15.8% 높아진 반면 섬유제품과 음식료품은 각각 5.9%, 2.4% 낮아졌다.

◆ 일부 지표 착시 가능성도 = 지표경기 회복 속도에 일부 착시 가능성도 있다는 지적도 있다. 제조업 평균 가동률은 83.3%로 1994년 11월(83.3%) 이래 11년 만에 최고치다.

선행종합지수는 경기순환에 앞서 변동하는 선행 개별지표를 종합한 것으로, 앞으로의 경제활동을 예고하는 지수다. 동행종합지수는 경기순환과 함께 변동하는 동행 개별지표를 종합한 것으로, 현재의 경기 상태를 나타내는 지수다. 후행종합지수는 경기순환에 후행해 변동하는 후행 개별지표를 종합한 것으로, 현재의 경기를 뒷날에 확인하기 위해 이용하는 지표다. 경기종합지수가 전월에 비해 상승하면 경기상승, 하락하면 경기하강을 나타낸다. 또한 증감률의 크기에 의한 경기변동의 진폭까지도 알 수 있어 경기 판단에 매우 유용한 지표로 쓰인다.

[기사 2-3]에서는 생산과 소비 및 투자가 큰 폭으로 늘어나는 한편, 동행지수와 선행지수가 모두 증가해 경기가 본격적으로 회복될 것이라는 기대를 높여준다고 보도하고 있다.

4 경기실사지수

경기종합지수 외에도 경기를 판단하는 지수로는 경기실사지수 (BSI, Business Survey Index), 경기확산지수(DI, Diffusion Index), 경기예고지수(BWI, Business Warning Index) 등이 있다. 이 가운데 현실적으로 주로 쓰이는 경기실사지수에 대해 알아보자. BSI는 경기 동향에 대한 기업가의 의견을 조사해 이를 기초로 경기 동향을 파악, 예측하는 지수다. BSI는 조사 대상인 전체 기업 중에서 향후의 경제 상황에 대해 낙관적인 견해, 즉 긍정적으로 답한 기업 수와 부정적으로 답한 기업 수의 차이를 구한 다음 이를 전체 응답 기업 수로 나눠 계산한다.

$$\text{BSI} = \frac{\text{긍정적 기업의 수} - \text{부정적 기업의 수}}{\text{전체 기업의 수}} \times 100 + 100$$

이와 같은 방식으로 계산된 BSI는 0~200의 값을 가진다. BSI 값이 100 이상이면 경기를 낙관적으로 보는 기업 수가 경기를 비

관적으로 보는 기업 수보다 많다는 뜻이며, 100 이하의 경우에는
그 반대로 해석할 수 있다.

기업 체감경기는 '냉랭'

기업 10곳 중 8곳 "경기 되살아나도 올 수준 또는 이하"

회복세와는 대조적으로 기업들이 느끼는 체감경기는 여전히 냉랭한 것으로 나타났다. 올해보다 내년 업황이 더 좋을 것으로 기대하는 기업은 10개 중 2개꼴에 불과하며, 나머지 8개 기업은 내년에 경기가 살아나도 업황은 올해와 비슷하거나 더 나빠질 것으로 내다봤다.

한국은행이 지난 13~22일 전국 2,353개 기업을 대상으로 조사해 29일 발표한 '2005년 12월 기업경기조사 및 2006년 업황 전망 조사결과'에 따르면 내년 업황이 올해보다 나을 것이라고 응답한 기업은 21.4%에 불과했다. 응답 기업 가운데 60.2%는 올해와 비슷할 것으로 판단했으며, 18.4%는 올해보다 더 악화될 것으로 전망했다.

기업별로는 대기업(27.5%)이 중소기업(22.3%)보다, 수출기업(27.4%)이 내수기업(22.6%)보다 내년 업황이 더 좋아질 것이라고 보는 전망이 우세했다.

한은 관계자는 "내년에 경제가 좋아진다고 하지만 여전히 10개 가운

데 8개 기업은 올해와 비슷하거나 못할 것으로 예측하고 있다"며 "대기업-중소기업, 수출-내수기업 간 양극화 문제도 해결되지 않고 있다"고 말했다.

경기회복 시점에 대해서는 절반 이상의 기업이 내년 2분기 또는 3분기를 전망했다. 응답 기업 가운데 31.2%가 내년 3분기에 경기가 회복될 것으로 내다봤으며, 24.6%는 내년 2분기가 경기회복 시점이라고 전망했다. 하지만 2007년에 가서야 경기가 회복될 것이라는 응답도 20.7%나 됐으며, 올해부터 경기가 회복되고 있다고 답한 업체는 4.3%에 불과했다.

한편 제조업 12월 업황 기업경기실사지수(BSI)는 85로 전월보다 1포인트 상승했다. 업황 BSI가 100에 못 미치면 경기가 나쁘다고 보는 기업이 좋다고 보는 기업보다 더 많음을 뜻하고, 100을 넘으면 그 반대를 의미한다. 업황 BSI는 7월 75, 8월 77, 9월 78, 10월 83, 11월 84 등으로 꾸준히 상승하고 있으나 여전히 기준치 100을 밑돌고 있는 상황이다.

내년 1월 제조업 업황 전망 BSI는 88로 올해 12월 전망치보다 2포인트 높아졌다. 기업 규모별 업황 BSI는 대기업이 94로 전월보다 2포인트 상승한 반면 중소기업은 80으로 1포인트 떨어졌다. 수출기업은 87에서 85로 떨어졌으나 내수기업은 83에서 85로 상승했다.

업종별로는 조선업이 93에서 115로 무려 22포인트나 급등하며 체감경기가 급속도로 호전되고 있음을 보여줬으며, 자동차도 103에서 108로 상승했다. [이승훈 기자]

BSI의 특징은 기업가에게 직접 의견을 묻는다는 데 있다. 기업가가 향후 경기를 낙관적으로 본다면 투자 증가로 인해 경기상승이 나타날 것이다. 이는 케인스가 말한 '동물적 감각(Animal Spirit)'을 계량화하고자 한 것이다.

케인스는 경제 주체의 향후 경기 전망이 중요하며(경제 주체가 동물적 감각으로 경기를 전망한다고 봤다), 이것이 기업의 투자 및 가계의 소비 등에 상당한 영향을 미친다고 봤다. 예를 들어, 기업인은 날카로운 동물적 감각을 가지고 향후 경기가 좋을 것으로 예상되면 과감히 투자를 늘리지만, 나쁠 것으로 예상되면 보수적인 경영을 한다는 것이다. 미국의 대공황기에 기업인들이 경기를 비관적으로 전망하면서 투자에 대한 지출이 급격히 하락했던 사실이 케인스가 이런 견해를 갖는 데 영향을 미쳤다.

총수요에는 가계의 소비도 있다. 가계의 동물적 감각을 측정한 것은 소비자신뢰지수(CSI, Consumer Survey Index)라 한다. 이는 소비자를 대상으로 현재와 미래의 경제 상황에 대한 판단 및 전망을 지수화한 것인데, 향후 경기가 낙관적이면 가계 수입 증가가 예상되므로 소비지출이 증가하고, 반대로 비관적이면 소비지출이 감소할 것이다.

[기사 2-4]는 2005년 말 BSI 조사 결과를 보도하고 있는데, 기

업 10곳 중 8곳이 2006년 경기가 2005년 수준 또는 이하로 떨어질 것으로 전망하고 있다. 또한 제조업 BSI 지수는 85로, 전월에 비해 1포인트 상승했으나 여전히 기준치 100에 미치지 못하고 있다고 보도하고 있다.

[기사 2-5]는 소비자기대지수가 8개월 만에 기준치 100을 넘어서서 경기회복 기대와 주가 상승 등에 힘입어 소비 심리가 회복되고 있다고 보도하고 있다. 주가, 즉 자산가격 상승이 소비 심리에 긍정적인 영향을 준다는 점을 확인할 수 있다.

경기 밝게 보는 소비자 늘었다

기대지수 8개월 만에 100돌파 … 생활형편은 아직 '한겨울'

소비자기대지수가 8개월 만에 기준치인 100을 넘어서는 등 경기회복 기대와 주가 상승 등에 힘입어 소비심리가 호전되고 있다. 그러나 현재의 생활형편이 6개월 전보다 나빠졌다고 보는 소비자가 오히려 더 늘어나는 등 실제 생활형편은 이 같은 기대와 괴리가 있는 것으로 나타났다.

5일 통계청이 발표한 '2005년 12월 소비자전망조사 결과'에 따르면 소비자기대지수는 100.4로 전달보다 1.9포인트 상승하며 4개월 연속 상승세를 이어갔다. 소비자기대지수가 기준치인 100을 넘은 것은 지난해 4월 101.3 이후 8개월 만에 처음이다. 소비자기대지수가 100을 넘으면 6개월 후의 경기나 생활형편 등이 현재보다 좋아질 것으로 보는 소비자가 나빠질 것으로 보는 소비자보다 많다는 의미다.

◆ 고소득층·젊은층 소비심리 호전 = 모든 연령과 소득 계층의 소비자기대지수가 전달보다 상승한 것으로 나타났다. 그러나 기준치인 100을 넘어선 것은 20·30대 젊은층과 월 소득 200만 원 이상 계층에 한정됐다. 이는 젊은층, 고소득층 중심의 소비심리 개선이 아직 전 계층으로 파급되지 못하고 있다는 의미로 풀이된다. 특히 월 소득 100만 원 미만 계층과 40대의 경우 소비자기대지수는 전달보다 0.1포인트 상승하는 데 그쳤다.

통계청 관계자는 "주가가 상승세를 보이고 유가도 안정적인 수준을 유지하면서 소비심리가 조금씩 회복되고 있는 추세"라고 말했다. 6개월 전과 비교한 현재의 자산 가치를 나타내는 자산평가지수를 보면 주식·채권은 101.5로 3개월 연속 기준치를 웃돌았다.

◆ 실제 생활형편 개선 안 돼 = 소비회복에 대한 기대는 높아지고 있지만 아직 체감경기지표로 온기가 전달되지 못하고 있다. 6개월 전과 비교해 현재의 경기나 생활형편이 어떤지를 보여주는 소비자평가지수는 85.3으로 11월보다 0.4포인트 상승했지만 기준치인 100에는 못 미쳤다. 특히 생활형편에 대한 평가지수는 86.4로 전달보다 0.4포인트 떨어졌다.

경기에 대한 평가지수는 84.1로 전달보다 1.1포인트 높아졌는데도 생활형편은 오히려 악화됐다는 평가다. 이는 최근 수출기업과 IT업체들이 호황을 누리고 있지만 나머지 내수업체들이나 영세자영업자 등의 체감경기는 여전히 싸늘한 것과 같은 이유로 풀이된다. 경제구조의 양극화 현상이 심해진 탓에 모든 계층이 골고루 경기 회복의 혜택을 보기가 어렵게 됐다는 의미다.

가계 수입이 좀체 늘지 않는 것도 체감경기 회복 지연 이유로 꼽을 수 있다. 현재 가계 수입을 1년 전과 비교했을 때 '증가했다'고 응답한 비율이 11월과 12월에는 18.5%에 그쳤다. [윤재오 기자 / 송성훈 기자]

국내총생산(GDP, Gross Domestic Product)

▶ 일정 기간 동안 국내 생산 활동에서 발행한 부가가치, 또는 최종 생산물의 총계를 GDP라 한다. GDP에는 가정주부의 가사노동과 같은 시장에서 거래되지 않는 행위나 중고 자동차처럼 과거에 생산된 것은 포함되지 않는다.

$$Y(지출\ GDP) = C(소비) + I(투자) + G(정부\ 지출) + (X - M)(순수출)$$

▶ 현재 가격을 이용해 최종 재화와 서비스의 총 가치를 계산할 때 이를 명목 GDP라 한다. '명목' 이란 용어는 현재 가격을 이용해 가치를 측정하는 것을 말한다. 그러나 가격 변화는 배제한 채 실질적인 총 생산을 측정할 필요가 있는데, 이를 실질 GDP라 한다. 즉, 재화나 서비스 가격 변화가 반영된 명목 GDP에서 가격 변화를 제거한 것을 실질 GDP라 하며, 실질 GDP는 가격 변화로 인한 '뻥튀기 효과' 를 제거하고 산출된 양의 측정에 초점을 맞춘 것이다. 실질 GDP는 명목 GDP보다 우월한 경제후생지표라 할 수 있으며, 경제학자들이 GDP를 언급할 때는 대개 실질 GDP를 의미한다.

▶ 잠재 GDP란 생산요소의 완전고용, 자연 실업률 상태에서의 GDP를 말하

며 실질 GDP와 잠재 GDP의 차이를 'GDP 갭'이라 말한다.

물가 · 인플레이션

▶ 물가란 시장에서 거래되는 모든 상품의 가격을 일정한 기준에 따라 평균한 종합적인 가격 수준을 말하며, 이를 지수화한 것을 물가지수라 한다. 물가지수가 지속적으로 상승하는 현상을 인플레이션이라 한다.

▶ 인플레이션의 원인에는 비용 상승 인플레이션, 수요 견인 인플레이션, 재정적자 보전을 위한 통화 창출 등이 있다. 인플레이션은 높은 통화 증가율 없이는 발생하지 않는다는 점에서 '언제 어디서나 화폐적 현상'이지만, 인플레이션 유발 통화정책이 초래되는 원인도 짚어볼 필요가 있다. 여기에는 두 가지 근원적인 이유가 있는데, 정책당국의 높은 고용목표 고수와 지속적인 재정적자다. 이 둘은 정부가 돈을 많이 푸는 팽창적인 통화정책을 암시하는 것으로 인플레이션과 관련이 깊다. 따라서 인플레이션을 막기 위해 중앙은행은 금리 인상을 단행하곤 한다.

▶ 인플레이션은 구매력이 저하되어 실질 소득이 감소하는 결과를 낳으며, 근로 의욕 감퇴, 실물자산 선호, 금리 인상 등으로 경제 체질이 약화되는 결과를 초래한다. 또한 실업률을 높이고, 수출 경쟁력 약화를 초래하는 등 사회적으로 많은 비용을 유발하기 때문에 낮은 물가 상승률 유지는 어느 정부에나 중요한 과제가 되고 있다.

화폐

▶ 통화량은 국민소득 · 통화정책 · 재정정책 · 국제수지 등에 따라 변하는데,

통화량이 많으면 물가 상승을 압박하고 적으면 경제활동을 위축시키므로 적절한 통화 관리가 필요하다.

▶ 중앙은행이 통화를 관리하는 수단에는 공개시장 조작, 재할인율, 지급준비율 정책 등이 있다. 중앙은행은 알맞은 수준에서 이자율을 관리하기 위해 이 세 가지 정책 수단을 가지고 통화량 조절에 나선다. 이자율의 움직임은 경제의 많은 부문에 영향을 미치기 때문에 경제 상황에 맞추어 이자율을 적절한 수준으로 관리하는 것이 오늘날 어느 나라에서나 주요한 경제정책의 과제가 되고 있다. 중앙은행이 통화정책을 수행하는 데 운용 목표가 되는 것을 기준금리라 하는데, 우리나라에서는 일반적으로 은행 간 콜금리 수준을 말한다.

▶ 우리가 화폐를 보유하는 이유를 케인스는 거래적 동기, 예비적 동기, 투기적 동기로 봤다. 거래적 동기와 예비적 동기는 국민소득에 비례하나, 투기적 동기는 이자율에 영향을 받는다. 투기적 동기에 따르면 화폐 수요는 이자율과 음($-$)의 관계에 있다.

경기

▶ 경기란 국민경제의 총체적인 활동 수준으로, 실물·금융·해외 부문의 활동을 망라한 거시경제 변수들의 움직임이 종합적으로 반영된 것을 말한다. 경기는 경제의 장기 성장 추세를 중심으로 끊임없이 상승과 하강을 반복하며 변동하는데, 이를 경기변동이라 한다. 경기변동의 원인은 투자의 불안정성, 불완전한 정보에 의한 경제 주체의 기대 오류 등 경제학자마다 다양하게 제시하고 있다.

▶ 최근 경기변동의 주요 특징을 살펴보면 경기침체는 짧아지고 경기확장은

길어지며, 세계경제가 동조화되면서 여러 국가들이 동시에 경기침체에 빠지는
현상이 반복해서 나타나고, 경기침체와 투자의 상관관계가 더욱 긴밀해지며, 자
산가격 변동이 경기순환과 밀접한 관계를 보인다는 점이다.

▶ 가격 변동이 경기순환과 밀접한 관련을 맺고 있어 각국 중앙은행은 인플
레이션 차단뿐만 아니라 자산가격의 거품을 막기 위해 금리 인상을 단행하기도
한다.

▶ 경기를 예측하는 데 가장 많이 쓰이는 방법은 경기종합지수를 활용하는
것이다. 경기종합지수란 국민경제의 각 부분에 경기 대응성이 높은 각종 경제지
표를 종합한 지수이며 경기 전환점에 대한 시차 정도에 따라 경기선행지수, 경
기동행지수, 경기선행지수로 구분된다.

▶ 설문조사를 통해 경기를 예측하는 방법도 있는데, 기업경기실사지수와 소
비자신뢰지수 등이 대표적이다.

3

채권시장 흐름 읽는 법

채권이란

채권(Bond)은 돈을 빌리는 것과 연관되어 발행되는 증권이다. 즉, 돈을 빌리는 사람(발행자)이 돈을 꿔주는 사람(투자자)에게 특정 기간 동안에 원금 및 이자 지급을 약속하는 일종의 차용증서다. 채권을 고정수익증권(Fixed-Income Securities), 또는 부채증서(Debt Instrument)라고도 하는데, 발행자 처지에서는 일정 기간 고정적인 수익(Couponrate, 이표이자)을 주고 자금을 조달한다는 의미다. 채권은 고정적인 수익이 발생하기 때문에 명목적인 위험이 적은 안정적인 투자 대상으로 여겨지나 여러 요인들의 변화, 특히 이자율 변화에 따른 투자 위험이 존재한다.

가장 전형적인 채권은 이표채(Coupon Bond)다. 이표채는 채권 만기까지 발행자가 채권 보유자에게 3개월마다(미국은 보통 6개월) 이자 지급의 의무를 가진 채권을 말한다. 투자자는 3개월마다 이표이자율에 따른 이자를 지급받으며, 만기에는 액면가를 지급받는다. 예를 들어, 액면가 1만 원, 이표이자율 8%, 만기 3년인 채권을 매수했다면 3개월마다 200원($=\frac{10,000 \times 8\%}{4}$)을 총 12차례(1년에 4번씩 3년간 이자를 지급하므로) 이자를 지급받고, 만기에는 1만 원의 액면가를 받는다. 이표 채권이 가장 전형적인 채권 형태이나 때로는 이표가 없는 채권도 발행된다. 이를 할인채(Discount Bond), 또는 무이표채권(Zero Coupon Bond)이라 한다.

할인채는 이표가 없는 대신 액면가보다 훨씬 낮은 가격으로 발행되며, 투자자의 수익은 발행가와 만기에 받는 액면가의 차이에서 얻어진다. 예를 들어 액면가가 1만 원인 할인채가 시장에서 8,500원에 거래된다면, 이 채권에 투자한 투자자는 만기에 1,500원($=10,000-8,500$)의 이익을 얻는 것이다.

채권은 이자 지급 방법에 따라 이표가 있는 이표채, 이표가 없는 무이표채(또는 할인채), 일정 기간마다 지급할 이자를 복리로 재투자해 만기 상환 때에 원금과 이자를 동시에 주는 복리채 등으로 나뉘며, 담보 유무에 따라 담보부채와 무담보부채 등으로 구분된다. 그리고 발행자에 따라 국가 · 정부 · 지방자치단체 및 공기업에 의해 발행되는 국공채, 상법상 주식회사가 발행하는 회사채로 구분할 수 있다. 또한 만기일에 따라 상환 기간이 1년 이하인 단기채, 1년 초과 5년 미만인 중기채, 5년 이상인 장기채 등이 있다(우리나라보다 장기 채권이 많이 거래되는 미국에서는 만기가 5년 사이를 단기채, 12년 사이를 중기채, 12년 이상을 장기채라 한다).

한편, 기업은 정해진 쿠폰 이자 외에 주가 상승에 따른 추가적인 이익을 기대할 수 있는 옵션부채권도 발행한다. 예를 들어 채권 보유자에게 미리 정해진 수의 보통주와 교환할 수 있는 선택권이 있는 전환사채(CB, Convertible Bond), 발행사의 신주 인수 권리가 있는 신주인수권부 사채(BW, Bond with Warrant) 등이 대표적이다. 최근에는 채권과 옵션이 결합된 구조화채권(Structured Note)도 발행이 활발한데, 이는 대부분 기업이 자금 조달을 위해 발행하는 것보다 투자자들에게 다양한 상품을 제공하기 위해 만들어진다. 2003년부터 판매가 시작돼 상당한 성공을 거둔 ELS(Equity Linked Securities)도 구조화채권의 일종인데 투자자들의 다양한 요구, 저금리, 파생상품의 발전 등의 영향에 의해 앞으로도 다양한 구조화채권이 시장에 선보일 전망이다.

경제 분석의 핵심, 이자율

　이자율은 채권 가격을 결정하는 데 중요한 변수일 뿐만 아니라 경제 분석에서도 가장 주목받는 변수 가운데 하나다. 이자율은 단순히 채권 가격을 결정하는 데 이용된다는 점을 넘어 개인들이 소비를 할 것인가 저축을 할 것인가, 집을 살 것인가 팔 것인가, 주식에 투자할 것인가 채권에 투자할 것인가 등의 결정을 내리는 데 큰 영향을 미친다.

　먼저 이자율이 채권 가격에 어떠한 영향을 미치는지를 살펴본 뒤 경제에 미치는 영향을 알아보자. 금융상품은 각기 서로 다른 시기에 서로 다른 금액의 현금 흐름(Expected Future Cash Flow, 주식의 배당, 채권의 쿠폰 이자 등과 같이 투자자에게 일정한 보상을 주는 것)을 지급한다. 따라서 한 금융상품의 가치를 다른 금융상품과 비교할 때 같은 기준으로 비교를 해야 하는데, 이때 현재가치(Present Value)란 개념을 이용한다.

현재가치란 1년 뒤에 받을 1원이 오늘 받는 1원보다 가치가 낮다는 일반적인 상식에 기초한다. 단순 대출의 경우를 예로 들어보자. 10만 원을 빌려주고 1년 뒤에 원금 10만 원과 이자 1만 원을 상환받는다면, 이때 단순이자율 i는 다음과 같이 계산한다.

$$i = \frac{10,000}{100,000} = 0.10 = 10\%$$

이는 사람들이 현재의 10만 원과 1년 뒤의 11만 원을 동등한 가치로 느끼고 있음을 의미한다. 달리 표현하면 1년 뒤의 11만 원은 현재의 10만 원과 같다는 말이다. 미래의 현금 흐름을 현재가치로 전환하는 것을 '할인한다(Discount)'고 하는데, 이를 수식으로 표현하면 다음과 같다.

$$PV = \frac{FV}{(1+i)^n}$$

PV＝현재가치, FV＝미래가치, i＝이자율

현재가치의 개념은 상당히 유용하다. 어떤 금융상품을 보유하면서 미래에 받는 각각의 지급액에 대한 개별적인 현재가치를 모두 합하면 주어진 이자율 수준에서 그 금융상품의 현재가치, 즉 가격을 구할 수 있기 때문이다. 또한 현재가치를 이용하면 미래의 서로 다른 시점에 일정 금액을 지급하는 두 금융상품의 가치도 비교할 수 있다.

만기수익률

채권에서 가장 많이 쓰이는 용어가 만기수익률(YTM, Yield to Maturity)이다. 만기수익률이란 금융상품이 미래에 지급하는 금액의 현재가치를 지금 가치(가격)와 일치시키는 이자율이며, 내부수익률(IRR, Internal Rate of Return)이라고도 한다. 다음 이표채의 가격 공식을 예로 들어 만기수익률에 대해 알아보자.

이표채의 가격은 다음과 같은 공식으로 계산할 수 있다.

$$PV = \frac{C}{(1+i)} + \frac{C}{(1+i)^2} + \frac{C}{(1+i)^3} + \cdots + \frac{C}{(1+i)^n} + \frac{F}{(1+i)^n}$$

P = 이표채의 가격, C = 연간 이표지급액, F = 액면가, n = 잔여 만기

C는 연간 이표지급액, F는 원금을 뜻하며 이를 교과서적 표현으로 채권의 현금 흐름이라 한다. 채권은 투자자에게 일정 기간에 걸쳐 이표를 주고, 만기에 원금을 준다. 이때 지급받는 현금 흐름(이표와 원금)은 장래에 지급된다. 투자자 처지에서는 현재 시점에 이 금액이 얼마인지가 주요 관심사다. 따라서 이를 현재 시점의 가치로 바꿀 필요가 있는데, 이를 위해 현재가치로 할인하면 된다. 결국 장래에 받을 각각의 지급액에 대한 개별적 현재가치를 모두 합하면 주어진 이자율 수준에서의 현재가치, 즉 채권 가격을 구할 수 있다.

위의 주어진 이자율 수준이란 점에 주목하자. 이자율이 주어졌을 때 미래 현금 흐름의 현재가치, 즉 채권 가격을 구할 수 있다. 그런데 이자율은 모르지만 채권의 가격은 알고 있는 반대의 경우를 생각해보자. 여기서 채권의 가격, 이표지급액, 액면가, 잔여 만기를 알고 있기 때문에 이자율 i를 알 수 있는데, 이를 만기수익률이라 한다(채권 가격 방정식에서 i를 미지수로 놓고 푸는 것이며, 이때 i가 만기수익률이다). 결국 만기수익률이란 시장에서 거래되는 채권 가격으로부터 도출된 수익률이며, 투자자 처지에서 지금 채권을 사서 만기까지 보유할 때 얻을 수 있는 평균 수익률의 척도로 간주된다. 경제학에서 이자율이라 할 때는 만기수익률을 의미하며, 이 책에서도 이자율과 만기수익률을 상황에 따라 혼용해 사용할 것이다.

이자율과 채권 가격의 관계

　지금까지 배운 것을 정리해보자. 사람들은 미래의 이익보다 현재의 이익을 더욱 중요하게 여긴다. 따라서 미래가치는 현재가치에 일정 부분을 더해야 하는데, 이를 이자라 한다. 반대로 미래가치를 현재가치로 전환하기 위해서는 일정액을 빼야 하는데, 이를 할인한다고 표현한다. 채권의 가치는 미래 현금 흐름의 현재가치다. 즉, 장래 현금 흐름을 할인한 값이다. 그런데 만일 할인하는 이자율이 상승하면 채권 가격을 어떻게 될까? 당연히 채권 가격은 하락한다(이 문구가 혼동되는 독자는 채권 가격 공식을 보기 바란다. 이자율이 분모에 있기 때문에 이자율이 상승하면 분자인 현재가치가 작아지며, 그 값을 더한 채권 가격도 작아진다). 이자율과 채권 가격의 관계를 정리하면 다음과 같다.

채권의 가격과 만기수익률은 서로 음(-)의 관계를 갖는다. 즉 이자율이 상승하면 채권 가격은 하락하며, 이자율이 하락하면 채권 가격은 상승한다.

여기서 알 수 있는 중요한 점은 채권 투자에서 가장 중요한 리스크는 이자율 변동이라는 점이다. 이자율 변화에 따른 채권 가격의 변화는 만기가 짧은 단기채에 비해 장기채가 더욱 크다. 만일 10년 만기이며 쿠폰이 5%인 이표채권을 액면가로 매입한 경우, 이자율이 상승하면 투자자는 손실을 입는다. 이는 더욱 높은 수익률로 투자할 기회가 있으나 투자 자금이 5%에 묶여 있다는 의미이며, 채권에 이러한 손실(정확히는 기회비용)이 반영돼 채권 가격의 하락을 가져오는 것이다. 투자자의 투자 자금이 묶여 있는 기간이 길수록 손실은 더욱 커지며, 이에 따라 채권 가격의 하락도 더욱 커지는 것이다. 이러한 점은 단기채권이 장기채권에 비해 안전하다고 여겨지는 대목이다. 흔히 채권은 안전한 자산, 주식은 위험한 자산으로 여기나 이는 오해에서 비롯된 것이다. 장기채권은 결코 안전한 자산이 아니다(장기채권이 주식에 비해 안전하다는 점은 사실이다).

이자율과 수익률의 구분

채권에서 가장 혼동되는 개념이 이자율과 수익률이다. 흔히 같은 개념으로 사용되기도 하지만 이자율과 수익률에는 큰 차이가 있다. 채권 이자율만 알아서는 그 채권을 보유했을 때 얼마의 돈을 벌 수 있을지, 즉 수익률이 얼마인지 결코 알 수 없다. 채권을 사서 일정 기간 보유했을 때 얼마의 돈을 벌지는 이자율이 아니라 수익률(Return, 엄밀하게는 Rate of Return)로 측정해야 하기 때문이다. 채권의 수익률은 투자에 따른 이익을 나타내는 것으로, 채권의 지급액과 가격 변동분의 합을 채권 구입 가격으로 나눈 값을 말한다.

예를 들어 이표율 10%, 액면가 1만 원의 이표채를 1년 전에 1만 원을 주고 산 후, 이를 1만 2,000원에 팔았을 때 수익률이 얼마인지 알아보자.

　채권 보유에 따른 수익은 1년간 받은 이자(쿠폰) 1,000원, 채권 가격 변화분 2,000원이므로 이를 채권 구입 가격 1만 원으로 나누면 1년간 보유 수익률은 30%가 된다.

$$\frac{1,000+2,000}{10,000}=\frac{3,000}{10,000}=0.30=100\%=30\%$$

　위의 사례를 보면 이자율이 10%인 채권을 구입했으나 수익률은 10%가 아닌 30%다. 결국 채권의 수익률은 반드시 그 채권의 이자율과 일치하는 것이 아니라는 점을 명심할 필요가 있다.

　그러나 할인채를 만기까지 보유했을 경우, 만기 전에 처분할 때 처분 시점의 이자율이 채권 구입 시점의 이자율과 같을 때 이자율과 수익률은 일치하며, 이표채의 경우에는 만기까지 보유하고 이자를 만기수익률과 동일한 금리에 재투자할 때 이자율과 수익률이 동일하게 된다.

　수익률을 공식을 이용해 알아보자. t 시점에서 t+1 시점까지 보유한 채권의 수익률은 다음과 같이 표현할 수 있다. 수익률을 채권

보유 기간 동안의 수익률이란 의미에서 HPR(Holing Period Return)
라고 하자.

$$HPR = \frac{C + P_{t+1} - P_t}{P_t}$$

$HPR = t$ 시점에서 $t+1$ 시점까지 보유한 채권의 수익률, $P_t = t$ 시점에서의 채권 가격,
$P_{t+1} = t+1$ 시점에서의 채권 가격, $C =$ 이표지급액

위 식은 다음과 같이 구분해보자.

$$HPR = \frac{C}{P_t} + \frac{P_{t+1} - P_t}{P_t}$$

여기에서

$$\frac{C}{P_t} = i_c : 경상수익률(\text{Current Yield})$$

$$\frac{P_{t+1} - P_t}{P_t} = g : 자본수익률(\text{Rate of Capital Gain})$$

$$HPR = i_c + g$$

결국 채권의 수익률은 이표금액을 채권 가격으로 나눈 경상수익률과 처분 시점에 얼마나 벌었는지를 의미하는 자본수익률의 합이라고 할 수 있다. 이는 이미 언급한 채권의 수익률은 '채권의 지급액과 가격 변동분의 합을 채권 구입 가격으로 나눈 값'이란 표현을 공식을 이용해 확인한 것이다. 이 공식은 먼저 이자율 변동으로 인해 채권 가격이 크게 바뀌어 상당한 자본 이익 또는 자본 손실이 발생하는 경우, 수익률은 이자율과 크게 달라진다는 의미다. 이는 자본 손실이 크다면 채권 투자에서 손해를 볼 수 있다는 말이며, 채권 투자 특히 장기채권 투자는 결코 안전한 투자가 아니라는 점을 말해준다. 지금까지 설명한 것을 정리하면 다음과 같다.

- 채권의 만기가 보유 기간과 일치할 때 수익률은 이자율(만기수익률)과 같아진다. 따라서 채권 매수 당시의 이자율을 보장받고 싶다면 만기까지 보유해야 한다.
- 이자율의 상승은 채권 가격 하락을 의미하며, 채권 만기가 보유 기간보다 긴 채권은 자본 손실이 발생한다.
- 채권의 만기가 길수록 이자율 변화에 따른 채권 가격의 변화율이 커지며, 이자율이 상승할 때 수익률은 더욱 크게 하락한다. 결국 장기채권이 단기채권에 비해 상대적으로 리스크가 크다.

만기일	각 이자율에서의 채권 가격(8% 쿠폰채, 단위 : 원)				
	4%	6%	8%	10%	12%
1년	1038.83	1019.13	1000.00	981.41	963.33
10년	1327.03	1148.77	1000.00	875.38	770.60
20년	1547.11	1231.15	1000.00	828.41	699.07
30년	1695.22	1276.76	1000.00	810.71	676.77

〔 표 3-1 〕 이자율 변화에 따른 채권 가격 변화

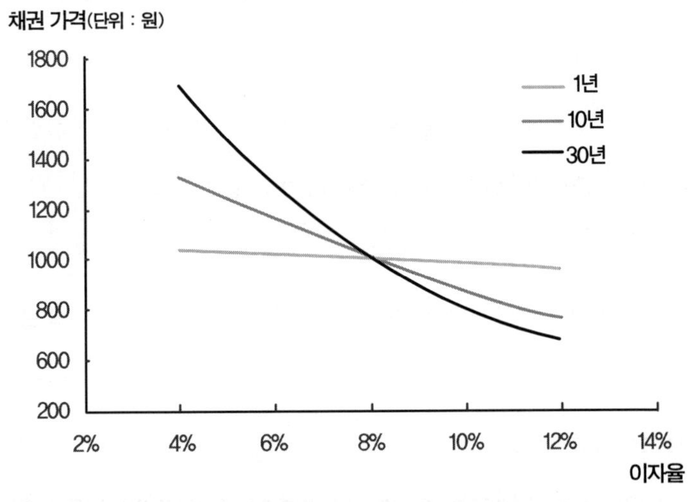

〔 그림 3-1 〕 이자율 변화에 따른 채권 가격 변화 비교

[표 3-1]을 보면 만기 1년 채권의 경우 이자율이 4%에서 12%

까지 상승하면서 채권 가격이 1038.83원에서 963.33원으로 하락

한 것을 확인할 수 있다. 또한 〔그림 3 - 1〕에서는 이자율이 변함에 따라 1년, 10년, 30년 만기 채권 가격의 변화를 보여주고 있는데 만기가 가장 긴 30년 만기 채권 가격이 이자율 변화에 가장 민감하게 반응하고 있다. 다시 말하면 이자율이 상승(하락)할 때 만기 30년 채권 가격의 하락(상승) 폭이 크다는 점을 보여준다.

한편 〔기사 3 - 1〕은 금리 상승으로 채권 가격이 하락하자 채권형 펀드에서 자금 이탈이 나타나고 있으며, 향후 미국 금리 인상이 마무리되는 시점에서 재유입이 전망된다고 전하고 있다.

〔기사 3 - 1〕 〈매일경제신문〉 2006년 1월 4일자

채권형 펀드는 찬밥 신세?

금리 상승에 자금 이탈 … 해외 펀드는 환율 변수

금리와 환율 변수가 펀드 투자에 복병으로 등장했다. 금리가 오르면 채권 값이 하락하게 되고, 이는 채권형 펀드 수익률 악화로 이어지는 구조를 갖는다. 또 해외 펀드는 수익이 났더라도 원화 값이 상승하면 실제 받게 되는 원화 기준 수익률은 떨어질 수밖에 없다.

한국펀드평가에 따르면 미국에 투자하는 '피델리티 아메리카 펀드'

달러화 기준 최근 1개월 수익률(2005년 12월 23일 기준)은 0.29%지만 이를 원화로 환산하면 −2.4%다. 또 '피델리티 대중국 펀드'는 달러화 기준 최근 1년 수익률이 14.73%지만 원화 수익률은 10.97%에 그치고 있다. 이러한 상황에서 3일 외환시장에서 달러당 원화 값은 1,005원에 마감해 '1000선 붕괴'에 대한 위기감이 높아졌다.

채권형 펀드도 금리 변수에 휘말려 수탁액 감소세가 멈추지 않고 있다. 3일 자산운용협회에 따르면 2005년 12월 30일 기준으로 채권형 펀드 수탁액은 51조 4,319억 원으로 지난해 11월 말에 비해 917억 원 감소한 것으로 집계됐다. 이에 따라 채권형 펀드 수탁액은 2005년 한 해 동안 매월 감소세를 면치 못했다. 지표 금리인 3년 만기 국고채 금리는 이날 연 5.12%를 기록했다.

송승완 제로인 펀드 애널리스트는 "미국 금리 인상 행진이 마무리될 것으로 보이는 올해 상반기 이후에나 채권형 펀드로 자금이 유입될 가능성이 높다"고 전망했다. 한편 주식형 펀드 수탁액은 28조 원을 넘어섰다. 2일 기준으로 주식형 펀드 수탁액은 구랍 30일에 비해 1조 9,650억 원 불어난 28조 1,430억 원으로 집계됐다. [장용승 기자]

채권 만기와 채권 수익률의 변동

채권 가격은 이자율 변화에 절대적으로 영향을 받는다. 채권투자에서 이자율 변화에 따른 손실(자본 손실) 가능성을 이자율 위험(Interest-Rate Risk)이라 하는데, 이자율 위험은 보유 기간이 중요하다. 예를 들어 만기수익률 6%, 10년 만기 국채에 투자했을 때 이자율이 8% 상승했다면 채권 가격은 얼마일까?

이자율이 상승했으므로 채권 가격 하락으로 단기적으로는 손실이 불가피하다. 이자율과 채권 가격은 서로 반대 방향으로 움직이기 때문에 이자율이 높아지면 채권투자 금액의 가치는 떨어지기 때문이다. 이때 채권을 처분한다면 자본 손실이 실현되면서 손실은 확정된다. 그러나 계속 보유한다면 쿠폰 이자를 높아진 이자율

8%에 재투자할 수 있다. 높아진 '이자의 이자'가 점점 불어나 이후에 이자율에 변동이 없다면 처음의 투자원금 손실을 상계할 수 있을 뿐만 아니라 더 큰 이득을 얻을 수 있다.

결국 채권투자에는 이자율 변동에 따른 가격 리스크와 재투자 리스크 사이의 상충관계가 있는 것이다. 그러나 이미 언급한 것처럼 만기 이전에 채권을 매도한다면 금리 상승에 따른 재투자 이익은 기대할 수 없으며, 오히려 금리 상승으로 인한 자본 손실만 실현할 뿐이다.

채권투자 성과	이자율 상승	이자율 하락
쿠폰 이자의 재투자	+	−
채권 가격	−	+

〔표 3-2〕 이자율 변화에 따른 상반된 채권투자 성과

실질이자율과 명목이자율

GDP는 명목 GDP와 실질 GDP를 구분된다. 구분 기준은 인플레이션의 감안 여부다. 같은 이치로 이자율도 명목이자율(Nominal Interest Rate)과 실질이자율(Real Interest Rate)로 나눌 수 있다. 명목이자율이란 인플레이션을 감안하지 않은 이자율로, 우리가 흔히 말하는 이자가 바로 이것이다.

예를 들어 은행에서 1년 만기 정기예금 금리가 5%라면, 이는 명목이자율이다. 반면 실질이자율은 인플레이션을 감안한 이자율로, 실질적인 자금 조달 비용을 반영한다. 명목이자율은 실질이자율과 (예상)인플레이션율의 합으로 표현할 수 있는데, 이를 '피셔방정식(Fisher Equation)' 이라 한다.

명목이자율=실질이자율+(예상)인플레이션율

위 식을 변형하면 실질이자율은 명목이자율에서 (예상)인플레이션율을 차감한 값이 된다. 여기서 중요한 점은 실질이자율 개념으로 볼 때 음(-)의 이자율이 가능하다는 것이다. 예를 들어 이자율이 8% 상승했는데, 향후 1년 동안 인플레이션율이 10%가 될 것으로 예상된다고 하자. 이는 1년 뒤에 8%만큼의 돈을 더 받을 수 있으나 그때 재화를 사려면 10%의 돈을 더 지불해야 한다는 뜻이다. 결국 1년 뒤 살 수 있는 재화의 양은 오히려 2%만큼 줄어들었으므로, 실질적으로는 2%만큼 손해를 본 것이다.

$$\text{실질이자율 } i_r = 8\% - 10\% = -2\%$$

실질이자율이 낮을 때 돈을 차입하려는 인센티브가 커지고 빌려주려는 인센티브는 작아진다. 실질이자율이 낮다는 것은 인플레이션율이 높다는 뜻으로, 실물에 비해 돈의 가치가 더 하락한다는 말이다. 따라서 현재 돈을 차입한 뒤 실물자산에 투자하면 더 큰 이익을 볼 수 있기 때문에 차입 인센티브가 커진다. 인플레이션 우려가 있을 때 금 같은 실물자산가격이 오르는 것도 같은 이치다.

이자율 결정

자산가격이 늘 오르락내리락하듯 이자율도 등락을 거듭한다. 이
자율은 기본적으로 채권시장에서 채권의 수급으로 결정된다. 채권
의 공급이 증대되면 채권 가격은 하락하고 이자율은 상승하며, 반
대로 채권 수요가 증대되면 채권 가격은 상승하고 이자율은 하락
한다.

채권 공급 증가 → 채권 가격 하락 → 이자율 상승

채권 수요 증가 → 채권 가격 상승 → 이자율 하락

따라서 이자율에 대한 전망은 채권의 수요와 공급에 영향을 주

는 변수를 전망한다는 의미와 같은 것이다. 채권의 수요와 공급에 영향을 미치는 변수는 상당히 많지만, 여기서는 거시경제지표와 이자율의 관계를 중심으로 살펴보기로 하자.

먼저 투자자들의 소비에 대한 시차선호도다. 이는 다른 말로 표현하면 투자자들이 현재에 소비를 할 것인지, 아니면 미래를 위해 저축을 할 것인지 하는 점이 이자율에 영향을 준다는 것이다. 만일 미래를 위해 소비를 줄이고 저축을 늘린다면 이자율은 어떻게 될까? 소비를 줄이고 저축을 늘린다는 것은 금융기관에 돈이 몰린다는 말이며, 이때 금융기관은 자산 운용을 위해 채권을 매수할 것이다. 채권시장에 금융기관의 매수가 증대되므로 채권 가격은 상승, 즉 이자율은 하락할 것이다.

소비 감소, 저축 증대 → 금융기관의 채권 매수 증대 → 채권 가격 상승 → 이자율 하락

최근 우리나라는 노령화가 빠르게 진행되면서 일찍부터 노후를 대비하는 경향이 높아졌다. 노후를 대비한 보험, 은행, 증권 등의 장기금융상품도 다양하게 판매되고 있는데, 이는 가계의 자산 운용이 현재 소비를 줄이고 미래를 대비한 저축으로 이동하고 있다는 의미를 내포하고 있다. 국내 이자율 하락의 원인 가운데 일찍부터 장래를 대비하는 경향도 한몫했다고 봐야 할 것이다.

둘째, 기업들에 투자 기회가 많아진다면 자금 수요가 증대되며 이자율은 상승한다. 보통 경기 회복기에는 기업들에 수익성이 높을 것으로 예상되는 투자 기회가 많아진다. 침체된 소비가 서서히 살아나면서 생산라인을 늘리는 등 투자를 확대하게 된다. 투자를 확대하기 위해서는 돈이 필요하다. 자금의 여유가 있는 기업도 있겠지만, 투자에 필요한 자금을 충분히 가지고 있지 못한 기업은 차입해 투자를 하게 된다. 기업의 차입 규모가 커지면 돈의 가치인 이자율이 상승한다. 반면, 경기 침체기에는 기업의 투자 기회가 감소함으로써 자금 수요도 줄어들어 이자율은 하락한다.

경기회복 → 기업의 투자 기회 증대 → 자금 수요 증대 → 이자율 상승

경기침체 → 기업의 투자 기회 감소 → 자금 수요 감소 → 이자율 하락

셋째, 통화 공급량을 결정하는 정부의 금융 정책도 이자율에 큰 영향을 미친다. 중앙은행에서 시중에 돈을 푸는(중앙은행 국채 매수) 확장적 통화정책을 편다면 돈의 공급 증대로 돈의 가치인 이자율은 하락한다. 반면, 시중의 돈을 거두어들인다면(중앙은행 국채 매도) 돈의 공급이 감소하며 돈의 가치인 이자율은 상승한다.

중앙은행 국채 매수 → 돈의 공급 증대 → 이자율 하락(채권 가격 상승)

중앙은행 국채 매도 → 돈의 공급 축소 → 이자율 상승(채권 가격 하락)

넷째, (예상)인플레이션도 이자율에 큰 영향을 주는 요인이다. 피셔방정식에서 알아본 것처럼 명목이자율(우리가 흔히 말하는 이자율이 명목이자율임을 명심하자)은 실질이자율과 (예상)인플레이션율의 합이다. 따라서 인플레이션율이 상승하면 이자율(명목이자율)은 상승하는 반면, 인플레이션율이 하락하면 이자율은 하락한다.

인플레이션율 상승 → (명목)이자율 상승

인플레이션율 하락 → (명목)이자율 하락

화폐 공급과 이자율

통화 공급이 증가하면 시중 유동성이 풍부해져 이자율은 하락한다. 그런데 화폐 공급이 단지 인플레이션만 유발해 궁극적으로 이자율이 상승한다는 상반된 주장도 있다. 노벨 경제학상을 수상한 프리드먼은 다른 모든 조건이 일정할 때 화폐 공급 증가가 이자율을 낮추는 현상을 '유동성 효과(liquidity effect)'라고 표현했다.

프리드먼은 유동성 효과는 전체적인 효과의 일부분에 불과하다고 보았는데, 다시 말하면 화폐 공급 증가는 '다른 조건이 일정'하도록 놔두지 않으며, 이자율을 상승시킬지 모를 여타의 경제적 효과가 있을 것이라는 말이다. 여기서 '이자율을 상승시킬지 모를 여타의 경제적 효과'란 바로 물가 상승, 즉 인플레이션을 말한다. 만

약 화폐 공급 증가가 물가 상승으로 이어진다면 기대 인플레이션을 자극해 이자율 상승으로 이어질 수 있다는 것이다(피셔방정식에서 인플레이션이 명목이자율을 상승시킨다는 사실을 확인할 수 있다).

통화 공급 증대 → 시중 유동성 풍부 → 이자율 하락(채권 가격 상승)

통화 공급 증대 → 시중 유동성 풍부 → 물가 상승 우려, 기대 인플레이션 심리 자극 → 이자율 상승(채권 가격 하락)

이러한 상반된 주장 가운데 무엇이 정답일까? 경제학에서 정답을 찾기는 힘들다. 결국 두 주장을 적절히 혼합할 수밖에 없다. 일반적으로 화폐 공급의 증가는 곧바로 이자율을 하락시키기 때문에 화폐 증가에 따른 유동성 효과는 즉각적으로 나타난다. 반면, 화폐 공급에 따른 물가 효과는 상당한 시간이 걸리기 때문에 이자율을 상승시키는 데 시간이 걸린다. 결국 화폐 증가는 일시적으로 단기 이자율을 하락시키지만, 장기적으로는 인플레이션에 대한 예상이 얼마나 빨리 조정되는지에 따라 달라질 수 있다는 말이다.

통화 공급 발표 즉시 인플레이션을 우려한다면 이자율 하락 효과는 미미할 것이며, 그렇지 않다면 인플레이션으로 인한 이자율 상승은 장기적으로 나타날 것이다.

이자율의 위험구조

　채권시장의 이자율을 다루면서 가장 핵심적인 부분은 아마도 이자율의 위험구조(Risk Structure of Interest Rates)와 기간구조일 것이다. 이들은 채권 펀드매니저뿐만 아니라 경제학자들도 관심 있게 지켜보면서 경제 예측에 이용하곤 한다.

　이자율의 위험구조란 동일한 만기를 가진 채권들이 서로 다른 이자율을 가지고 있는 것을 말한다. 우리는 앞에서 채권 가격에 큰 영향을 미치는 요소가 이자율이라 했는데, 채권투자에 따른 또 다른 리스크는 채무불이행 위험(Default Risk)이다. 채권불이행 위험이란 채권의 발행자가 약속한 때에 이자를 지급할 수 없거나 지불할 의사가 없는 경우를 말한다. 쉽게 말하면 돈을 떼일 위험을 말한다.

채권의 종류를 말할 때 발행 주체에 따라 회사채와 국공채로 구분했다. 일반 회사가 파산할 가능성이 크겠는가, 아니면 국가(또는 지방자치단체)가 파산할 가능성이 크겠는가? 회사의 파산 가능성을 더 크게 보는 것이 타당할 것이다. 결국 회사채에 대한 채무불이행은 매우 높은 반면, 국채는 거의 없다고 볼 수 있다. 국가가 파산하지 않는 한 국채는 돈을 떼일 가능성이 없으므로, 국채와 같이 채무불이행 위험이 없는 채권을 채무 불이행이 없는 채권(Default – Free Bond)이라 한다.

그럼 이자율 측면에서 부도 가능성이 큰 회사채의 이자율이 높을까, 아니면 국채의 이자율이 높을까? 당연히 회사채의 이자율이 높을 수밖에 없다. 투자자는 위험이 큰 곳에 투자하는 데에 따른 추가적인 보상(이를 리스크 프리미엄이라 한다)을 원한다.

발행자 처지에서도 안전한 국채보다 보상을 더 해줘야 투자자를 설득할 수 있을 것이다. 이렇게 회사채와 같이 채무 불이행이 있는 채권과 국채와 같이 채무 불이행이 없는 채권 간에 이자율의 차이가 나타난다. 이를 리스크 프리미엄이라 하는데, 이는 투자자들이 위험한 채권을 기꺼이 보유하려면 얼마만큼의 추가적인 이자율을 받아야 하는지를 보여주는 것이다. 리스크 프리미엄을 이자율 스프레드라고도 하며, 이는 채무불이행이 있는 채권(회사채)과 채무불이행이 없는 채권(국채)의 이자율 차이로 표현한다.

리스크 프리미엄(이자율 스프레드)＝채무불이행이 있는 채권(회사채)의 이자율 － 채무불이행이 없는 채권(국채)의 이자율

이자율 스프레드도 상승과 하락을 반복한다. 예를 들어 어느 기업이 대규모로 손실을 입었다면, 채무불이행 위험이 증가해 그 회사채에 대한 매력은 감소할 것이다. 따라서 회사채의 수요가 감소해 회사채의 이자율이 상승하면서 이자율 스프레드 상승으로 이어진다.

회사채 채무불이행 가능성 증대 → 회사채 매력 감소(투자 기피) → 회사채 수요 감소 → 회사채 가격 하락 → 회사채 이자율 상승 → 이자율 스프레드 상승

따라서 일반 회사채와 같이 채무불이행 위험을 가진 채권은 항상 양(＋)의 리스크 프리미엄을 가지며, 채무불이행 증가는 리스크 프리미엄 증가로 이어져 이자율 스프레드를 확대한다. 이렇듯 채권투자에는 채무불이행 위험이 존재하는데, 신용평가회사의 채권 등급을 확인하면 채무불이행 가능성을 사전에 확인할 수 있다.

S&P(Standard & Poors), 무디스(Moody's)란 이름을 많이 봤을 것이다. 1997년 외환위기 당시 우리나라 국가 신용등급을 언급할 때 어김없이 등장했던 회사들이다. 외환위기를 극복할 당시 이 회사들의 신용등급 상향 조정이 기폭제가 되어 국내 주식시장도 뜨겁게 달아오른 '경험이 있다. S&P · 무디스 등의 신용평가회사는 채권등급평정(Bond Rating, 채권의 등급을 매기는 행위), 질적 결정(Quality Rating) 등을 주 업무로 한다. 미국의 S&P · 무디스 · 피치(Fitch) 등과 우리나라의 한국신용평가 · 한국기업평가 · 한국신용정보 등이 대표적인 신용평가회사다.

신용평가회사는 채권 발행 주체의 신뢰도와 원리금 지급 능력을 평가해 채권의 등급을 결정한다. 보통 BBB(트리플 B) 등급 이상을 투자 등급(Investment Grade), 그 이하를 투기 등급(Speculative Grade)이라 한다. 투자 등급은 표현 그대로 투자해도 큰 문제는 없다는 뜻이며, 투기 등급은 문제의 소지가 있다는 말이다. 특히 BB 이하 등급은 정크본드(Junk Bond)라 하여 원리금을 지급받지 못할 가능성이 아주 큰 위험한 채권을 의미한다.

기관	특징
S&P	1860년 설립 국제시장 발행 채권의 50% 이상을 평가
무디스	1900년 설립 미국, 일본 정부의 신용평가 공인기관으로 지정
피치	1997년 미국의 피이와 영국의 iBCA의 합병 자산 담보 채권 분야 평가에 탁월
Duff & Phelps	1932년 설립 공익기관 평가에 강점
Thomson Bank Watch	1974년 설립 일반 기업 평가보다 금융기관 평가에 특화

〔표 3-3〕 주요 국제 신용평가회사

사실 위험이 높으면 수익도 그만큼 크다. 정크본드를 점잖은 표현으로 고수익률 채권이라 하는 이유도 위험이 큰 반면 수익도 높기 때문이다. 정크본드에 투자하는 사람도 상당히 많다. 상대적으로 리스크 회피 정도가 적은 투자자, 리스크를 감당할 수 있는 투자자에게는 정크본드도 매력적인 투자 수단이 될 수 있다.

등급		설명
무디스	S&P	
Aaa	AAA	최고 등급(채무불이행 위험 가장 낮음)
Aa	AA	높은 등급
A	A	상위의 중간 등급
Baa	BBB	중간 등급
Ba	BB	하위의 중간 등급
B	B	투기 등급
Caa	CCC, CC	불량 등급(채무불이행 위험 높음)
Ca	C	매우 투기적인 등급
C	D	최저 등급

〔표 3-4〕 S&P와 무디스의 채권 등급

신용평가회사들의 채권 등급화를 위한 평가 요소에는 양적분석 지표와 질적분석 지표가 있다. 양적분석 지표에는 재무제표를 이용한 유동성 지표(유동비율, 총 부채, 현금 흐름 비율 등), 안정성 지표(총 부채비율, 이자보상비율 등), 수익성 지표(총 자본 영업이익률, 자기자본순이익률 등), 활동성 지표(재고자산 회전율, 매출 채권 회전율 등) 등이 이용된다. 그리고 질적분석 지표에는 산업 특성(시장 지배력, 사업의 다양성 등), 시장 경쟁력(생산성, 마진유지 능력 등), 경영

관리 능력(경영의 일관성, 영업적·재무적 경영 성과 등), 소유 구조 (경영 지배권, 합병 가능성 등) 등이 이용된다. 채권을 등급화할 때 기업의 양적, 질적 분석이 모두 반영되므로 투자에 앞서 신용 등급을 확인한다면 리스크를 줄일 수 있다.

하지만 신용등급은 고정되어 있지 않고 발행 회사의 재무 상태 등에 따라 변화될 수 있다는 점을 명심할 필요가 있다. 예상하지 못한 신용등급 변화는 채권 가격뿐만 아니라 주식 가격에도 큰 영향을 미치므로 신용등급 변화를 지속적으로 확인해야 한다.

안전한 자산으로의 도피

투자에 따른 리스크와 관련해 흔히 언급되는 용어가 '질로의 도피(Flight to Quality, 안전자산 선호)'다. 이는 금융시장이 불안해질 때 투자자들은 자신의 자산을 더욱 안전한 곳으로 옮기는 현상을 말한다. 보통 질로의 도피 현상이 나타날 때 이자율 스프레드는 확대되는데, 예를 들어 영향력 있는 회사의 파산 우려가 있을 경우 투자자들은 다른 회사의 안정성까지 의심한다.

따라서 투자자들은 회사채를 팔고 안전한 국채로 몰리는데, 이때 회사채 가격은 급락(회사채 수익률 상승)하고, 국채 가격은 상승(국채 수익률 하락)해 이자율 스프레드가 확대된다. 반면 금융시장이 전반적으로 안정돼 있다면 일반 기업의 부도 가능성은 낮아져

질로의 도피 현상이 완화되며, 국채 비중은 감소하고 회사채 수요
는 증가한다.

따라서 회사채의 가격은 상승(회사채 수익률 하락)하고 국채의 가
격은 하락(국채 수익률 상승)하면서 이자율 스프레드는 축소된다.
이 같은 이자율 스프레드의 움직임을 관찰하면 경제 동향에 대한
유용한 정보를 얻을 수 있다.

영향력 있는 기업 파산 → 질로의 도피 현상 증대 → 회사채 매도(회사
채 수익률 상승), 국채 매수(국채 수익률 하락) → 이자율 스프레드 상승

금융시장 안정 → 질로의 도피 현상 완화 → 회사채 매수(회사채 수익률
하락), 국채 매도(국채 수익률 상승) → 이자율 스프레드 하락

미국의 엔론(Enron Corporation) 사태를 보면서 신용등급의 변화
가 질로의 도피 및 이자율 스프레드 확대로 이어지는 현상을 알아
보자.

등급	2001년 11월	2001년 12월	이자율 변화
Aaa	6.97%	6.77%	−0.20%
Baa	7.81%	8.05%	+0.24%
스프레드	0.84%	1.28%	+0.44%

〔표 3-5〕 엔론 사태와 신용등급의 변화

2001년 12월, 에너지 거래 전문기업이자 미국에서 일곱 번째 순위의 기업인 엔론이 금융 문제를 숨기기 위해 회계 부정을 저질렀다가 결국 파산을 선언했다. 파산 규모와 재무제표에 포함된 정보의 질에 대한 의문 때문에 엔론의 몰락은 회사채 시장에 큰 영향을 미쳤다. 엔론이 파산하자 투자자들은 신용이 낮은 Baa 등급의 기업들을 의심하기 시작했다. Baa 등급 회사채의 채무불이행 위험 증가는 이들 채권의 수요를 감소하게 만들어 Baa 등급 회사채의 이자율이 2001년 11월 7.81%에서 12월 8.05%로 0.24%포인트 (24베이시스 포인트라고도 표현한다) 상승했다.

한편, 엔론 파산 이후 최고 등급으로 평가되는 Aaa 등급 회사채 수요는 증가해 이 회사채 이자율이 같은 기간 6.97%에서 6.77%로 20%포인트 하락했다. 결과적으로 Baa 등급 회사채와 Aaa 등급 회사채 간 이자율 스프레드는 엔론 파산 직전 0.84%에서 파산 이후 1.28%로 0.44%포인트 증가했다. 결국 미국의 대형 기업 파산으로 안전 자산에 대한 선호 현상이 높아져 신용등급이 낮은 회사채에 대한 수요 감소(가격 하락, 수익률 상승)와 우량 기업에 대한 수요 증가(가격 상승, 수익률 하락), 즉 질로의 도피 현상이 나타나며 이자율 스프레드는 확대됐다.

투자자 회계 정보의 질 의심 → 질로의 도피 강화 → 신용등급 낮은 회사채 매도(수익률 상승), 우량 기업 회사채 매수(수익률 하락) → 이자율 스프레드 확대

질로의 도피 현상은 채권시장에만 국한되는 것이 아니다. 크게 보면 주식시장의 리스크가 커질 때 주식에서 채권으로 자산을 이동시키고, 달러 가치가 하락할 때 또는 인플레이션 우려가 증대될 때 금(金)의 비중을 늘리는 등 더욱 안전한 자산으로 포트폴리오를 재구성하는 현상이 나타난다.

[기사 3 - 2]에서는 금리 역전 현상(이는 이자율 기간구조에서 알아본다)으로 경기침체 우려가 증대돼 투자자들이 안전 자산인 금의 비중을 늘리고 있다고 보도하고 있다.

美 금리 역전에 "金 사자"
경기 침체 우려 커져 안전자산 확보 경쟁

미국의 장·단기 금리 역전 현상으로 향후 미국 경제에 대한 우려감이 되살아나며 금에 대한 투자자들의 매수세가 몰리고 있다고 로이터통신이 28일(현지 시간) 보도했다.

전날 미국 10년 만기 국채 수익률이 2년 만기 국채 수익률을 하회하는 현상이 5년 만에 처음으로 발생했다.

장·단기 금리 역전 현상이 해소되면서 이날은 같은 수준에서 마감했으나 상품선물시장에서 금 선물은 오름세를 지속하며 2% 상승한 온스당 520달러에 거래를 마쳤다.

RBC 캐피털 마켓 글로벌 퓨처의 부사장인 조지 게로는 "전날 나타났던 장·단기 금리 역전 현상으로 금이 몇 안 되는 안전자산이라는 인식이 강해졌다"며 "사람들은 자금을 어디에 넣어야 하나를 고민하고 있고 이것은 장단기 금리 역전 이후 금값이 오르고 있는 이유"라고 설명했다.

투자자들은 인플레이션 리스크에 대한 보호로 장기 금리에 더 많은 이자율을 요구하기 때문에 장·단기 금리 역전 현상은 매우 드물게 발생한다.

과거 장·단기 금리 역전은 대부분 경기침체(리세션)로 이어졌기 때문에 경제성장이 탄탄하고 인플레이션 압력이 비교적 낮은 현 경제 상황에서 장·단기 금리 역전이 어떤 의미를 갖는지에 대해 논란이 일고 있다. 에너지 가격 상승 및 다른 글로벌 경제의 불확실성 등에 대한 우려하며 투자자들이 투자 자산을 기존의 통화, 주식, 채권에서 금속으로 다양화하면서 올 들어 금값은 20%가량 상승했다. [임지수 기자]

수익률 곡선

이자율의 또 다른 특징은 같은 리스크를 가지고 있는 채권이라 할지라도 만기에 따라 이자율이 다르다는 점이다. 예를 들어 리스크가 똑같은 국채라고 하더라도 1년 만기, 3년 만기인지에 따라 이자율이 다르게 형성된다. 이를 이자율의 기간구조(Term Structure of Interest Rates), 또는 수익률 곡선(Yield Curve)이라 한다. 다시 말해, 이자율의 기간구조란 다른 조건이 모두 동일하고 만기가 상이한 채권들의 채권수익률과 만기의 관계를 뜻한다. 그리고 이를 그래프로 그린 것이 수익률 곡선이다.

수익률 곡선은 세 가지 형태가 존재한다. 장기 이자율이 단기 이자율에 비해 높은 우상향 수익률 곡선, 장기 이자율이 단기 이자율

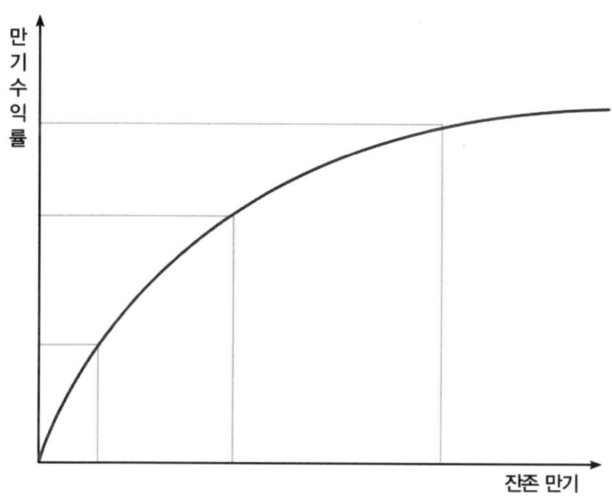

〔그림 3-2〕 우상향 수익률 곡선

에 비해 낮은 우하향 수익률 곡선, 장기 이자율과 단기 이자율이 같은 수평 수익률 곡선이다. 만기에 따라 이자율이 다르게 나타나는 이유를 설명하는 이론에는 기대이론(Expectation Theory), 분할시장이론(Segmented Market Theory), 유동성 프리미엄 이론(Liquidity Premium Theory) 등이 있다.

기대이론이란 장기채권의 수익률은 투자자의 미래 기간별 단기 이자율에 대한 기대에 의해 결정된다는 것이다. 따라서 기간별 단기금리가 상승할 것으로 예상하면 수익률 곡선은 우상향 형태가

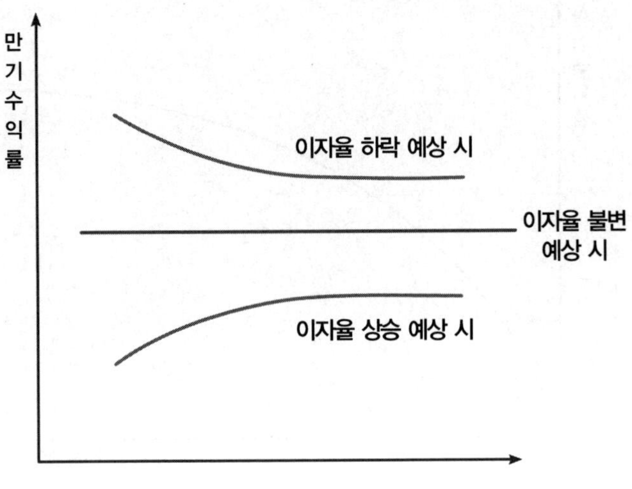

〔그림 3-3〕 기대이론의 수익률 곡선

되며, 반면 하락할 것으로 예상하면 수익률 곡선은 우하향 형태가 된다. 향후 금리가 움직이지 않을 것이란 전망이 강하면 수익률 곡선은 어떻게 될까? 우상향도 우하향도 아닌 수평 형태가 된다.

분할시장이론이란 다른 만기를 가진 채권시장은 완전히 분리돼 있다고 가정한다. 따라서 어느 특정한 만기를 가진 채권의 이자율은 다른 만기를 가진 채권들의 기대수익률로부터 아무런 영향을 받지 않으며, 해당 채권의 수요와 공급에 의해 결정된다. 시장이

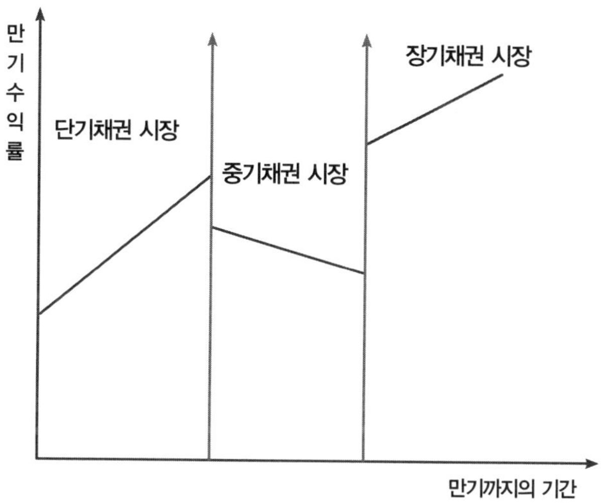

〔그림 3-4〕 분할시장이론의 수익률 곡선

분할되어 있다는 것은 현실적인 가정이라 할 수 있는데, 기관투자가들이 부채의 기간구조에 맞춰 자산을 운용한다는 점이 가장 대표적인 사례라 할 수 있다.

보험회사와 장기적인 자금을 운용하는 회사는 장기채권에 관심이 클 수밖에 없으며, 이들 채권의 비중이 높을 것이다. 반면에 MMF(Money Market Fund)를 운용하는 기관의 운용 범위는 단기 채권시장에 한정될 것이다. 결국 채권시장이 구조적으로 경직돼 투

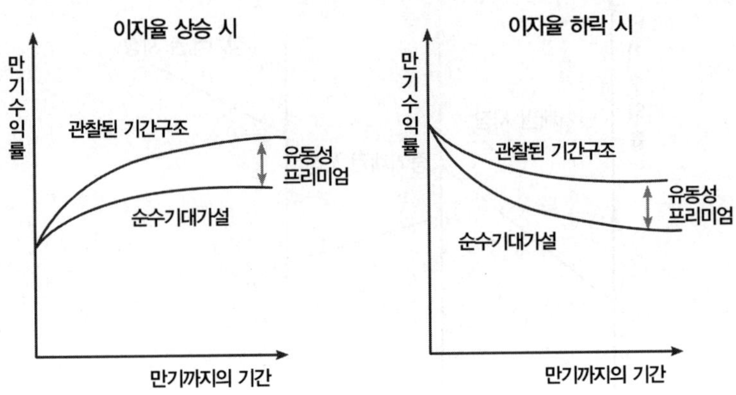

〔그림 3-5〕 유동성 프리미엄이론의 수익률 곡선

자자들이 선호하는 몇 개의 하위시장으로 구성되고, 채권수익률은 이들 하부시장에서 수요와 공급에 의해 결정된다.

유동성 프리미엄 이론은 장기채권일수록 미래 수익의 불확실성이 커지므로 투자자는 유동성 프리미엄을 요구하게 되어, 모든 조건이 같다면 장기채권의 수익률이 단기채권의 수익률보다 높다는 것이다. 수익률 곡선은 보통 우상향하는 형태가 가장 많지만, 유동성 프리미엄 이론이 이러한 일반적인 현상을 잘 설명해준다.

이자율 스프레드 움직임이 경제 흐름과 밀접한 관계를 가지고 있듯 수익률 곡선도 활용 범위가 넓은데, 수익률 곡선을 이용해 이 자율을 예상할 수 있다. 만약 장기 이자율이 상승하면서 수익률 곡선이 가파른 모습을 보인다면 이자율 상승이 임박했다는 경고 신호로 해석한다. 경제성장이 예상되면 장기 이자율은 상승하는 경향이 있기 때문에 실제로 수익률 곡선은 경기순환에 대한 선행지표 구실을 한다. 수익률 곡선이 가파를 경우, 불경기가 있을 확률은 매우 낮다. 반대로 장기 이자율이 단기 이자율보다 낮은 하향 수익률 곡선은 이자율 하락이 예상된다는 증거로 해석되며, 경기 둔화에 대한 신호로 해석된다.

〔기사 3-3〕은 미국의 장·단기 금리가 역전돼 미국의 경기둔화 가능성과 이에 따른 국내 수출 감소를 우려하는 내용의 사설이다.

수익률 곡선을 해석할 때 주의할 점이 있다. 수익률 곡선에 표시되는 이자율은 명목이자율이다. 명목이자율은 실질이자율에 (예상)인플레이션율을 더한 것이다.

명목이자율＝실질이자율＋(예상)인플레이션율

따라서 수익률 곡선이 가파를 때 실질이자율의 상승 때문인지, 아니면 인플레이션 때문인지 원인을 파악해볼 필요가 있다.

美 장·단기 금리 역전 파장 경계를

미국의 장·단기 금리가 2000년 12월 이후 5년 만에 역전되는 현상이 발생했다. 27일(현지 시간) 10년 만기 미국 국채수익률이 장중 한때 4.343%를 기록해 2년 만기 국채수익률 4.347%를 밑돌게 된 것이다. 장기 금리는 인플레이션 등 각종 리스크 요인 때문에 단기 금리보다 높은 것이 일반적이라는 점에서 이번 금리 역전은 예사롭지 않은 것으로 여겨지고 있다. 우리가 금리 역전에 주목해야 하는 이유는 여러 가지가 있다. 첫째, 미국의 경기 둔화 가능성이다. 지난해 6월 이후 미국 연방준비제도이사회(FRB)는 초단기 금리인 연방기금금리를 1%에서 4.25%까지 13차례나 올렸다. 경기 활황에 따른 인플레이션 압력을 줄이려는 것이 주된 목적이었지만 시장 일각에서는 금리 인상이 지나치고, 이 때문에 경기 활황세가 곧 끝나 둔화 국면으로 반전될 것이라는 견해가 득세해 장기채권 공급 물량이 줄고 있는 것이다. 물론 아시아와 중동 국가의 미국 장기국채 매입 증가가 장기 금리를 끌어내리는 측면이 있지만 이 영향은 제한적인 것으로 여겨진다.

1970년대 이후 30여 년에 걸쳐 나타난 미국의 여섯 차례 경기후퇴기의 경우 98년 아시아 외환위기 때만 빼고, 장·단기 금리 역전 현상이 앞서 나타났다는 점이 향후 경기 둔화 염려를 증폭시키고 있다. 둘째, 미국 단기 금리가 장기 금리를 웃돌게 될 정도로까지 높아진 상황에서는

FRB의 추가적인 금리 인상이 상당한 제약을 받게 되고 이것이 우리나라를 비롯한 관련국들의 통화·외환 정책에도 적지 않은 영향을 미칠 것이라는 점이다. 한국은 올 10월 이후 두 차례 인상한 콜금리의 추가 인상이 어려워지고, 원화 가치는 미 달러화 가치 약세 반전으로 절상 압력을 강하게 받을 염려가 있다. 셋째, 미국 경기 둔화와 원화 강세는 우리 수출에 악재로 작용해 모처럼 회복세를 보이고 있는 경기에 찬물을 끼얹을 수 있다. 특히 성장 엔진인 미국 경제의 냉각은 전 세계 경기를 동반 둔화시켜 수출에 적지 않은 악영향을 미칠 수 있다. 국내 기업이나 투자자 정부 등은 앞으로 미국 금리 추이를 예의 주시하면서 경영전략과 투자전략 및 경제정책 등을 신축적으로 수립·시행해나가야 할 것이다. 특히 금융 변수는 실물경제 변수와 달리 즉각 우리에게 영향을 미친다는 점에서 세심한 관찰과 신속한 대응이 필요하다.

즉, 수익률 곡선이 가팔라 향후 이자율 상승이 예상된다고 하자. 그런데 이자율 상승에는 경제성장 또는 급속한 통화 증대, 유가 상승 등에 의한 인플레이션 기대 심리가 반영된 결과일 수 있다는 것이다. 이러한 원인이 투자에 시사하는 바는 매우 다르기 때문에 수익률 곡선 분석을 통해 향후 이자율이 상승할 것으로 예상됐다 할지라도 원인이 되는 경제적 요인을 분석할 필요가 있는 것이다.

이자율과 경제지표의 관계

이자율이 소비와 투자 및 궁극적으로 GDP에 어떠한 영향을 미치는지를 살펴보자

지출 국민소득(GDP) = C + I + G + (X-M)

이자율을 낮추기 위해 중앙은행이 통화량을 늘린다고 가정해보자. 이때 단기적으로 이자율은 낮아질 것이다. 이자율은 투자(I)에 영향을 미친다. 이자율이 낮으면 차입 금리가 낮아져 기업들이 투자를 확대하기 때문이다. 기업의 투자 증대는 GDP 상승으로 이어진다. 또한 낮은 이자율은 소비(C)에 영향을 미친다. 이자율이 낮

으면 저축을 하고자 하는 의욕이 낮아져 소비가 활성화된다. 이러한 소비 증대는 GDP 상승으로 이어진다. 그러나 시간이 지나면서 통화량 증대가 인플레이션을 유발하면 실물자산 선호 현상이 나타나며 부동산 가격이 상승할 가능성이 있다. 이때는 인플레이션의 해악으로 경제성장에 부정적인 영향을 미칠 수 있다.

한편 이자율(채권시장)과 주식시장은 대체관계에 있으므로 저금리 시기(채권 가격 상승기)에는 채권의 장점이 감소해 주식시장으로 돈이 몰려 주식시장이 활황을 보인다(이를 금융장세라 한다). 반면, 이자율이 상승(채권 가격 하락)하면 주식보다 채권의 장점이 증대되면서 주식시장은 하락한다('기사 3-1'에서 채권과 주식이 서로 대체관계에 있다는 점을 확인할 수 있다). 이렇듯 이자율은 여러 경로로 국민경제에 영향을 미치기 때문에 상당히 중요한 경제 변수이며 투자자뿐만 아니라 경제학자, 정책당국까지도 관심을 가지고 지켜본다.

▶ 이자율은 경제에서 가장 주목받는 변수다. 미래에 받는 각각의 지급액에 대한 개별적인 현재가치를 모두 합하면 주어진 이자율 수준에서 현재가치, 즉 가격을 구할 수 있다.

▶ 채권의 가격과 만기수익률은 서로 음(–)의 관계를 갖는다. 즉 이자율이 상승하면 채권 가격은 하락하며, 이자율이 하락하면 채권 가격은 상승한다. 채권 투자에서 가장 중요한 리스크는 이자율 변동이다. 이자율 변화에 따른 채권 가격의 변화는 만기가 짧은 단기채보다 장기채가 더욱 크다.

▶ 이자율(만기수익률)과 수익률은 다르다. 채권을 일정 기간 보유했을 때 돈을 얼마나 벌지는 기간 보유수익률로 측정한다. 기간 보유수익률은 경상수익률과 자본수익률로 구성되며, 보유한 채권을 얼마에 팔았는지에 따라 자본수익률이 달라진다. 따라서 자본 손실이 발생할 경우 수익률은 이자율과 크게 다르다.

▶ 통화 공급이 증가하면 시중 유동성이 풍부해져 이자율이 하락한다. 그런데 화폐 공급이 단지 인플레이션만 유발해 궁극적으로 이자율이 상승한다는 상반된 주장도 있다. 노벨 경제학상을 수상한 프리드먼은 다른 모든 조건이 일정

할 때 화폐 공급 증가가 이자율을 낮추는 현상을 유동성 효과라 표현했다. 그러나 화폐 공급 증가가 물가 상승으로 이어진다면 기대 인플레이션을 자극해 이자율 상승으로 이어질 수 있다.

▶ 이자율의 위험구조란 동일한 만기를 가진 채권들이 서로 다른 이자율을 가지고 있는 것을 말하는데, 같은 만기의 채권이라 할지라도 국채의 이자율은 회사채보다 작다. 이는 국채가 회사채보다 채무불이행 위험이 상대적으로 미미하기 때문이다.

▶ 이자율의 또 다른 특징은 같은 리스크를 가지고 있는 채권이라 할지라도 만기에 따라 이자율이 다르다는 점이다. 예를 들어 리스크가 똑같은 국채라 할지라도 1년 만기인지, 3년 만기인지에 따라 이자율이 다르게 형성된다. 이를 이자율의 기간구조, 또는 수익률 곡선이라 한다.

▶ 이자율의 기간구조를 설명하는 이론에는 장기채권의 이자율은 사람들이 장기채권의 수명 동안 발생할 것이라고 예측하는 단기 이자율의 평균과 같다는 기대이론, 다른 만기를 가진 채권 시장은 분리되어 있기 때문에 해당 채권의 수요와 공급에 의해 이자율이 결정된다는 분할시장이론, 장기채권의 이자율은 장기채권의 수명 동안 예상되는 단기 이자율의 평균과 이 채권의 수요와 공급에 반응하는 유동성 프리미엄의 합이라는 유동성 프리미엄 이론 등이 있다.

▶ 이자율은 여러 경로로 국민경제에 영향을 미치기 때문에 상당히 중요한 경제 변수이며, 투자자뿐만 아니라 경제학자와 정책당국까지도 상당히 관심 있게 지켜본다.

4

환율이란

2006년 1월 4일 외환시장에서 원화 값이 1,000원 아래로 떨어진 뒤 12일에는 974원을 기록하면서 '원화 강세'가 국내 경제의 화두로 떠올랐다. 외환위기 직전인 1997년 11월 14일 원화는 986.30원을 기록했으므로 8년 만에 외환위기 직전 수준을 회복한 것이다. 당시 원화 급등으로 정책당국은 환율대책회의를, 기업체는 원화 강세에 따른 득실 파악을, 언론은 경제에 미치는 영향을 보도하는 등 부산한 모습이었다. 여기에서는 2006년 새해 벽두부터 많은 사람들을 부산하게 만든 환율(Exchange Rate)에 관해 알아보자.

환율이란 우리 돈과 외국 돈과의 교환 비율을 말한다. 환율은 주식 가격이나 채권 가격과 달리 상대적 가치를 가지기 때문에 다소 혼동되는 게 사실이다. 주식 가격은 하나의 절대적 가치를 의미한다. 삼성전자의 주식이 1주당 70만 원에 거래된다면 그것은 삼성전자만의 가치를 말한다.

하지만 환율은 상대적인 의미로 표현된다. 한 나라의 돈의 가치 상승은 다른 나라 돈의 가치 하락을 의미한다. 예를 들어 원/달러 환율을 기준으로 원화 가치가 상승했다고 말한다면, 이는 곧 달러의 가치 하락을 의미하는 것이다. 따라서 환율은 두 나라의 통화를 비교하는 방식으로 표현한다.

우리가 흔히 접하는 방식은 1달러에 지불하는 원화의 가치를 표현하는 ₩1,000/$이다. 이는 1달러를 사기 위해 우리 돈 1,000원이 필요하다는 말이다. 따라서 환율이 1,200원 또는 1,300원으로 상승한다면 이는 달러 가격의 상승을 의미하며, 바꾸어 말하면 원화 가격의 하락을 가리킨다.

환율시장에서는 한 나라의 돈의 가치가 다른 나라에 비해 상승했는지 하락했는지에 대해 독특한 표현을 쓴다. 즉, 한 나라의 화폐가치 상승은 절상(Appreciation), 하락은 절하(Depreciation)라고 한다. 절상, 절하라는 용어 외에 자국통화 강세, 환율 상승 등의 표현도 많이 등장하므로 익혀보도록 하자.

예를 들어 원/달러 환율이 1달러당 1,000원에서 1,100원으로 상승했다고 하자. 이를 두고 여러 가지 표현이 가능한데, 먼저 자국 통화로 표시한 외국 통화의 가치 상승이라 말할 수 있다. 1달러를 사기 위해 1,000원이 필요했는데 이제는 1,100원이 필요하므로 외국 통화, 즉 달러가 상승한 것이다. 상대적으로 달러에 비해 원화 가치가 하락했다고 표현할 수도 있다. 또한 1달러당 1,000원에서 1,100원으로 올랐을 때 원/달러 환율 상승, 또는 달러화 강세라고 표현한다. 이를 상대적인 개념으로 보면 원화 약세라 표현할 수 있는 것이다.

환율은 상대적 가치를 의미하기 때문에 달러가 1,000원에서 1,100원으로 상승했다는 것을 두고 이렇게 여러 표현이 가능하다. 이 같은 표현은 같은 의미이지만 상황에 따라 다양하게 등장해 혼란스러울 수 있으므로 익힐 필요가 있다.

환율을 표시하는 방법도 자국 통화를 기준으로 하느냐, 외국 통화를 기준으로 하느냐에 따라 자국통화표시환율(European Term), 외국통화표시환율(American Term)로 구분할 수 있다.

자국통화표시환율은 매 달러당 지불할 상대 통화의 단위로 표시하는 방법이며, 달러 기준 표시방법이라고도 하는데, ₩1,000/$로 쓴다. 외국통화표시환율은 외국 통화 한 단위당 지불할 달러화

의 단위로 표시하는 방법이며, $1.85/£로 표현한다. 주로 자국통
화표시환율을 사용하기 때문에 앞으로 자국통화표시환율, 즉
₩1,000/$로 표시하도록 한다.

환율이 중요한 이유

환율은 국내 재화와 외국 재화 간의 상대 가격에 영향을 주기 때문에 기업뿐만 아니라 각국 정부도 환율 움직임을 예의주시한다. 한 국가의 화폐가 절상할 때(한 국가의 화폐가치가 다른 화폐에 비해 상승할 때) 이 국가의 재화는 해외에서 더 비싸지고 외국 재화는 이 국가에서 싸진다. 따라서 수출 가격 상승으로 해외시장에서 가격 경쟁력이 약화되고 수출이 감소한다.

예를 들어 달러당 원화 가치가 1,000원에서 800원으로 상승한다면 10만 원 하는 MP3 가격은 100달러에서 125달러로 상승한다. 결국 국내 화폐의 절상은 수출 상품가격을 상승시켜 해외에서의 판매를 어렵게 만들 수 있고, 외국 상품과의 경쟁을 약화시킬

	환율 하락(원화 절상)	환율 상승(원화 절하)
수출	수출 상품가격 상승 → 수출 감소	수출 상품가격 하락 → 수출 증가
수입	수입 상품가격 하락 → 수입 증가	수입 상품가격 상승 → 수입 감소
국내물가	수입 원자재 가격 하락 → 물가 안정	수입 원자재 가격 상승 → 물가 상승
외자도입기업	원화 환산 외채 감소 → 원금 상환부담 경감	원화 환산 외채 증가 → 원금 상환부담 증가

〔표 4-1〕 환율 변동의 효과

수 있는 것이다.

한 국가의 화폐 절상 → 해외시장에서 가격경쟁력 약화 → 수출 감소 → GDP 감소

한 국가의 화폐 절하 → 해외시장에서 가격경쟁력 강화 → 수출 증가 → GDP 증가

〔기사 4-1〕은 환율이 경제에 미치는 효과에 대해 보도한 내용이다. 원화 값이 상승하면 수출 감소로 경제성장률이 하락하지만,

수입 상품가격 하락으로 물가 안정에는 도움이 될 수 있고, 외화 부채가 많은 기업은 원화 강세로 원금상환 부담이 적어져 수혜가 예상된다고 분석하고 있다.

삼성전자 "10원 오르면 2,000억 원 타격"

연초부터 급등하고 있는 원화 값 때문에 기업들이 바짝 긴장하고 있다. 기업들은 추가 절상 가능성을 염두에 두고 각종 대책 마련에 나서고 있다. 다만 대부분 기업들이 올해 경영계획에 원화 값 급등을 변수로 넣어 대응책을 마련했기 때문에 아직까지는 여유가 있다.

◆ 촉각 곤두세운 대기업 = 삼성전자는 올해 경영계획상 원화 값을 달러당 950~1,000원으로 책정했기 때문에 여유가 있다. 그러나 삼성전자는 원화가치가 100원 절상될 때마다 2조 원 안팎의 타격을 입기 때문에 앞으로 결제통화 다변화 등 대책을 통해 달러당 900원의 환경에서도 버틸 수 있도록 하겠다는 생각이다.

현대·기아차그룹은 올해 원화 값을 달러당 950원으로 잡고 있다. 수출(현지 생산 포함)이 차지하는 비중이 77.3%로 높기 때문에 순이익에 악영향을 미치게 된다. 다만 올 해외 현지생산 예상 물량이 106만 2,000

대로 전체 수출 예상 물량 중 33.4%를 차지하고 있어 원화 값 절상 영향을 크게 상쇄할 수 있을 전망이다.

올 원화 값 전망치를 950원으로 잡은 LG전자도 장기화에 대비해 환율 모니터링 체제를 구축하고 있다. 헤징 비율과 유로화 결제 비율을 확대하고 사내 금융관리위원회에서 전략 수립을 강화하고 있다.

원자재 수입 비중이 높은 정유와 철강, 중공업계와 항공, 조선, 해운업계는 비교적 여유롭다. 원유를 수입하는 SK는 지난해 3분기까지 18억 달러의 외화 부채를 지고 있다. 그러나 SK는 이미 지난해 수출 비중이 전체 매출 중 47%를 넘어 원화 값 절상에 따라 영업이익도 일부 감소하게 될 것을 염려하고 있다.

SK는 환리스크 대응팀을 운용하면서 원화 값 변동 추이를 지켜보고 있다. 포스코 관계자도 "달러 베이스로 수입이 이뤄지고 있어 유리하다"며 "그러나 수출이 거의 균형을 이루고 있기 때문에 원화 값이 올라가면 손익이 상쇄된다"고 말했다.

외화 부채가 많은 항공업계는 큰 수혜를 입을 것으로 예상된다. 외화 부채가 48억 달러에 이르는 대한항공과 15억 달러의 외화 부채를 갖고 있는 아시아나항공은 환차익이 크다. 항공업계는 보수적인 원화 값 목표(대한항공 1,050원, 아시아나항공 1,030원)를 잡았기 때문에 당초 세웠던 목표를 수정하지 않을 계획이다.

◆ 긴장한 중소기업 = 수출 비중이 큰 중소기업들은 바짝 긴장하고 있다. 생산량 중 70%를 수출하는 콘돔 전문업체 유니더스는 1달러에 950원까지 내려갈 것을 예상하고 올해 사업 목표를 정했지만 가파르게

급등하자 당혹스러워하고 있다. 이봉삼 유니더스 전무는 "유럽에서는 결제 통화를 달러에서 유로로 전환하고 있다"고 밝혔다.

축전지 전문업체 세방전지(대표 김성규) 관계자는 "원화 값이 100원 올라가면 연간 30억 원 정도 영업 손실이 발생한다"면서 "수출 비중이 50%를 차지하고 있기 때문에 선물환거래를 통한 헤징으로 돌파구를 찾고 있는 상황"이라고 말했다. [심윤희 기자 / 전병득 기자 / 전지현 기자 / 손일선 기자]

장기 환율의 결정

환율은 어떻게 결정될까? 장기적인 관점에서 환율은 국가 간 물가 수준에 의해 결정된다고 하는데, 이를 '구매력 평가이론(Purchasing Power Parity)'이라 한다. 한 국가의 물가 수준이 다른 국가의 물가 수준에 비해 상대적으로 상승하면 이 국가의 화폐는 절하돼야 한다. 물가 상승, 즉 인플레이션은 화폐가치를 떨어뜨린다. 따라서 물가 수준이 높은 나라의 화폐는 상대적으로 물가가 안정되어 있는 국가의 화폐에 비해 가치가 떨어져야 한다는 것이다.

물가 상승 → 수출 가격경쟁력 약화, 수입 수요 증가 → 경상수지 적자 → 외환 수요 증가 → 자국 통화 약세

물가 하락 → 수출 가격경쟁력 강화, 수입 수요 감소 → 경상수지 흑자 → 외환 수요 감소 → 자국 통화 강세

하지만 구매력 평가이론은 환율의 변화를 충분히 설명하지 못한다는 단점이 있다. 이 이론은 모든 재화들이 두 나라에서 동일하고 수송 비용과 무역장벽도 매우 낮다고 가정하며, 소비자의 선호도를 무시한다. 하지만 현실은 그렇지 않다. 수송 비용은 만만치 않게 비싸며 국가 간 무역장벽도 높다. 또한 성능이 같은 승용차라 할지라도 소비자들의 선호도도 다르다. 장기 환율에 영향을 미치는 변수는 물가 이외에 생산성과 국내 재화, 외국 재화 간 선호도, 무역장벽 등을 들 수 있다.

경제신문에서 환율을 다루면서 자주 언급하는 것이 빅맥환율이다. 빅맥환율이란 영국의 경제전문지 〈이코노미스트(The Economist)〉에서 1986년부터 전 세계에서 판매되는 맥도널드 빅맥을 기준으로 산출한 환율을 말한다. 빅맥은 세계적으로 품질·크기·재료가 표준화돼 어느 곳에서나 거의 일정한 가격을 유지하므로, 이를 기준으로 비교할 경우 각국의 통화가치가 어느 정도인지 알 수 있다는 가정 아래 만들어진 환율이다.

이는 환율은 각국 통화의 구매력에 따라 결정된다는 구매력 평

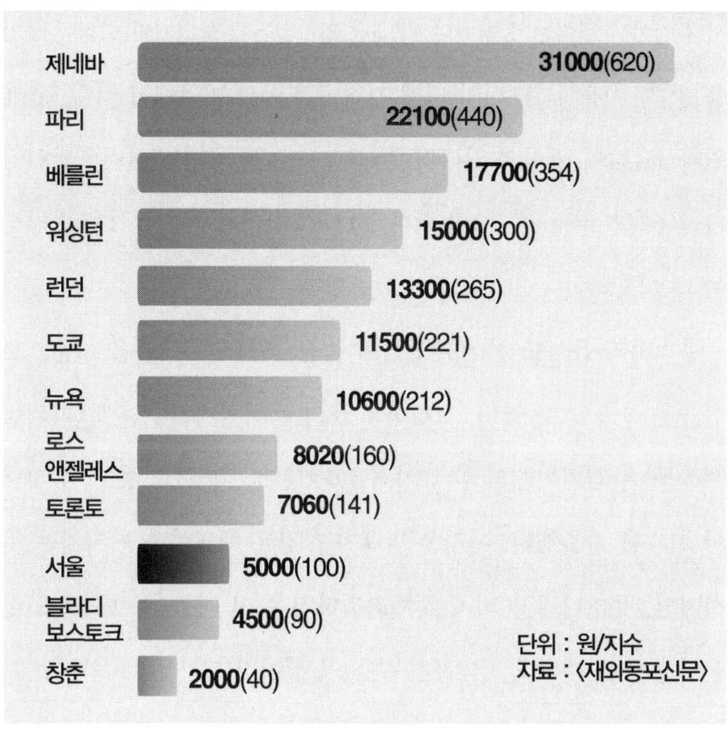

〔그림 4-1〕 세계 주요 도시별 김치찌개지수

가설과 동일 제품의 가치는 어디서나 같다는 일물일가의 법칙을 전제로 산출한 환율이다(일물일가의 법칙이란 만일 두 나라가 하나의 동일한 재화를 생산하고 수송 비용과 무역장벽이 매우 낮다면, 이 재화의 가격은 어느 국가가 이 재화를 생산하는지와 관계없이 전 세계 어느 곳에서나 같아야 한다는 법칙이다. 구매력 평가설은 일물일가의 법칙에 물가를 반영한 이론이다). 만약 빅맥 가격이 한국과 미국에서 각각 3,500원과 3달러에 팔리고 있다면, 빅맥환율로 본 균형 환율은 1달러당 1166.67원($= \dfrac{3,500}{3}$)이 된다. 하지만 빅맥지수는 현실을 반영하는 데 미흡하여 참고자료로만 이용된다.

우리나라 음식도 전 세계인들이 즐긴다면 대표 식품을 기준으로 환율을 산출할 수 있다. 그러한 시도가 김치찌개지수인데 〈재외동포신문〉은 김치찌개의 한국 가격 5,000원을 100으로 놓고 각 지역의 지수를 산출했다. 아직은 빅맥지수 같은 대표성을 가지지는 못하지만, 우리나라가 더욱 국제화된다면 우리 식품을 기준으로 한 신뢰성 있는 지수도 기대해볼 수 있을 것이다(김치찌개 이외에 소주, 초코파이 등을 기준으로 환율을 평가하려는 시도도 있다).

단기 환율의 결정

만일 환율의 변화가 장기 환율 결정이론을 따른다면 환율 움직임은 드물어야 한다. 물가가 환율에 영향을 준다면 물가가 변화는 시점에서 환율이 한 번씩 변해야 하지 않을까? 하지만 은행에 가면 매일 변화된 환율이 고시되고 있으며, 은행의 딜링룸에서는 매 초마다 변화하고 있다. 따라서 단기적인 환율 움직임에 영향을 주는 요인이 있다고 봐야 할 텐데, 그중 가장 중요한 요인이 이자율이다. 물이 높은 곳에서 낮은 곳으로 흐르듯, 돈(국제자금)은 이자율이 낮은 곳에서 높은 곳으로 이동한다.

만일 원화 예금의 수익률이 외국 화폐 예금의 수익률보다 높을 것으로 예상된다면 원화 수요가 증가할 것이며, 결과적으로 원화는 절상될 것이다. 이를 '피셔 효과(Fisher Effect)'라 하는데, 이자율이 상승하면 외화가 유입되며 그 나라의 통화가 강세를 보인다는 것이다.

자국 이자율 상승 → 자국 내 외화 유입 → 자국 통화 매수, 외국 통화 매도 → 자국 통화 강세

자국 이자율 하락 → 자국 내 외화 유출 → 자국 통화 매도, 외국 통화 매수 → 자국 통화 약세

이제 이자율을 중심으로 환율의 변화를 살펴보자. 이자율이 단기 환율 변화에 어떤 영향을 미치는지 이해하기 위해 환율은 외국 은행예금(외국 화폐로 표시된 예금) 기준으로 나타낸 국내 은행예금(국내 화폐로 표시된 예금)의 가격으로 생각하자. 국내 예금 i^D는 원화로 지불되는 원화 예금의 기대수익률, 해외 예금 i^F는 달러로 지불되는 달러 예금의 기대수익률이라 하자.

외국인이 국내에 투자할 때 기대수익률은 i^D가 아니라 원화의 예상 절상률 또는 절하율에 대해 조정해줘야 한다. 즉, 달러 기준으로 나타낸 원화 예금의 기대수익률은 단순히 i^D가 아니라 원화의 예상 절상률(Expected Appreciation) 또는 예상 절하율(Expected

Depreciation)에 대해 조정해줘야 한다. 만일 원화의 7% 절상이 예상된다면 달러 기준으로 나타낸 원화 예금의 기대수익률은 달러 기준으로 나타낼 때보다 7%의 가치가 더 있을 것이므로 원래의 원화 예금보다 7% 더 높아져야 한다는 뜻이다.

예를 들어 원화 예금의 이자율은 10%이고, 원화의 예상 절상률이 7%라면 달러 기준으로 나타낸 원화 예금의 기대수익률은 10%+7%=17%가 된다. 반면 원화가 7% 절하될 것으로 예상된다면 달러 기준으로 나타낸 원화 예금의 기대수익률은 10%-7%=3%다.

외국 화폐 기준으로 나타낸 원화 예금의 기대수익률 R^D를 정리하면 다음과 같다.

$$R^D = i^D + \frac{E^e{}_{t+1} - E_t}{E_t}$$

R^D = 달러(외국 화폐) 기준으로 나타낸 원화 예금의 기대수익률, i^D = 원화 예금의 이자율, $\frac{E^e{}_{t+1} - E_t}{E_t}$ = 원화의 예상 절상률

위 식은 달러(외국 화폐) 기준으로 나타낸 원화 예금의 기대수익률은 원화 예금의 이자율에 원화의 예상 절상률을 더한 값과 같다

는 것을 의미한다.

이제 반대의 경우를 고려해보자. 즉 국내 투자자가 해외에 투자할 경우, 수익률은 어떻게 될까. 국내 화폐 기준으로 나타낸 외화 예금의 기대수익률 R^F는 다음과 같다.

$$R^F = i^F - \frac{E^e_{t+1} - E_t}{E_t}$$

R^F = 국내 화폐 기준으로 나타낸 원화 예금의 기대수익률, i^F = 원화 예금의 이자율, $\frac{E^e_{t+1} - E_t}{E_t}$ = 국내 화폐의 예상 절상률

위 식은 국내 화폐 기준으로 나타낸 원화 예금의 기대수익률은 외국 예금의 이자율에 원화의 예상 절상률을 빼준 값과 같다는 것을 의미한다.

1997년 외환위기 당시를 기억해보면 환율 변화에 대한 투자수익률의 변화를 쉽게 이해할 수 있다. 당시 해외, 예를 들어 미국에 투자한 국내 투자자의 수익률은 얼마였을까? 미국 국채에 투자했다고 가정했을 때 5% 정도의 수익에 원화가 빠르게 하락했으므로 달러 강세 효과를 톡톡히 봤을 것이다. 반면 국내에 투자한 외국인의 수익률은 어떠했을까? 국내 채권에 투자했다고 가정한다면

10.3%의 이익은 봤으나 달러로 환전하는 과정에서 상당한 손실을 입었을 것이다. 외환위기 당시 많은 해외 유학생들이 공부를 포기하고 돌아왔던 이유도 원화 약세, 즉 달러 강세 효과 때문이었다. 1달러당 850원 하던 달러 값이 2,000원까지 폭등하면서 등록금이 두 배 넘게 상승했기 때문이다. 이는 미국 대학의 등록금이 인상됐기 때문이 아니라 원화 가격이 폭락해 등록금 상승 효과를 가져온 결과였다.

따라서 환율의 변화는 해외 투자가들에게 상당히 중요한 변수가 될 수밖에 없다. 환율 변화로 인해 해외 투자의 성과가 크게 달라지기 때문이다. 이때 고려해야 하는 사항이 상대적 수익률이다. 이는 국내 예금(원화)의 기대수익률과 외화(달러) 예금의 기대수익률의 차이를 말하며, 다음과 같이 표현할 수 있다.

$$\text{상대적 수익률} = i^D - i^F + \frac{E^e_{t+1} - E_t}{E_t}$$

상대적 수익률이 의미하는 것은 원화의 상대적 기대수익률이 증가하면 외국인과 내국인 모두 원화 예금을 더욱 많이 보유하고, 외화 예금을 더 적게 보유한다는 것이다. 그런데 자본 이동성이 존재할 때 외국 은행예금과 국내 은행예금은 완전 대체재라고 가정할 수 있다. 따라서 기대수익률에 따라 자금은 빠르게 이동하며, 국내 예금의 기대수익률과 외국 예금의 기대수익률 간에 차이는 없어야 한다. 즉, 상대적 수익률은 0이 되어야 한다. 이를 이자율 평형 조건이라 하며, 다음과 같이 표현할 수 있다.

$$i^D = i^F - \frac{E^e{}_{t+1} - E_t}{E_t}$$

이자율 평형 조건의 의미는 다음과 같다. 첫째, 국내 이자율은 외국 이자율에서 국내 화폐의 예상 절상률만큼 뺀 것과 같다. 또는 국내 이자율은 외국 이자율과 외국 화폐의 예상 절상률의 합과 같다. 만일 국내 이자율이 외국 이자율보다 높으면, 낮은 이자율을 보상하기 위해 외국 화폐의 양(+)의 예상 절상률이 존재해야 한다.

예를 들어 국내 이자율이 5%, 외국 이자율 3%라면 외국 화폐의 절상률은 2%(또는 국내 화폐의 절하율 2%)여야 한다.

둘째, 동일한 화폐 기준으로 나타낸 국내 예금과 외국 화폐 예금의 기대수익률은 같아야 한다. 이자율 평형 조건의 i^D는 원화 기준으로 나타낸 원화 예금의 기대수익률이며, $i^F - \dfrac{E^e{}_{t+1} - E_t}{E_t}$ 는 원화 기준으로 나타낸 외국 화폐 예금의 기대수익률이므로 이 둘이 같아야 한다는 것이다. 만약 이러한 조건이 만족되지 않는다면 무위험차익거래(Arbitrage, 동일 상품의 가격이 달리 형성됐을 때 비싼 것은 매도하고 싼 것은 매수해 위험 없이 이익을 얻는 거래. 금융시장에서는 무위험차익거래를 전문으로 하는 트레이더가 있으며, 이들의 활동으로 가격은 적정하게 형성된다. 그러나 주식시장에서는 차익거래가 변동성을 증대시킨다는 비난도 제기되고 있다)가 나타난다.

국제금융 시장에서 투기자금은 이익을 극대화하기 위해 빠르게 이동한다. 국제자금의 이동을 환율 측면에서 설명한다면 약세 통화에서 강세 통화로 이동한다는 것이다. 환율은 상대적 가치이므로 만일 미국 화폐에 비해 원화가 강세를 보인다면 미국에 머물고 있는 국제자금은 국내로 빠르게 이동할 것이다. 원화의 강세 속도가 빠를수록 유입 속도와 규모도 증대될 것이다. 그러나 반대의 경우, 즉 원화 약세가 빠르게 진행된다면 외환위기 당시와 같은 해외 투기자금의 탈출은 불가피할 것이다. 결과적으로 강세 통화에 투자한다면 해외 투자의 절반은 성공한 셈이다.

외국인, 꿩 먹고 알 먹고

국내에 외국인의 주식투자 규모가 급증하면서 이들의 움직임이 언론에 자주 등장하고 있다. 선진화된 투자 기법으로 국내 증시를 지배하고 있다는 인상을 심어줄 정도로 외국인의 주식투자 성과는 상당한 수준에 이른다. 하지만 외국인 투자자는 주식투자 성과뿐만 아니라 환율 투자에서도 대단한 노하우를 지니고 있는 듯하다. [기사 4-2]를 보면 외국인은 주식투자에서뿐만 아니라 환차익에서도 톡톡히 이익을 보고 있는 것으로 나타났다.

2005년 11월 말부터 2006년 1월 12일까지 약 40일간 외국인 투자자들은 33조 원가량의 이익을 보았는데, 주가 상승으로 인한 이익이 18조 4,563억 원, 원화 강세로 인한 환차익이 14조 6,056억 원이었다. 주가 상승으로 인한 이익과 원화 강세로 인한 환차익이 큰 차이를 보이지 않는다.

만일 원화 강세가 없었다면 외국인 투자자의 이익은 18조 4,563억 원에 그쳤겠지만 원화 강세로 인해 또 다른 이익이 발생한 것이다. 사실 해외 투자에는 환율에 대한 투자가 내재되어 있다. 해외 부동산 및 펀드에 대한 투자도 알고 보면 부동산과 펀드 투자 이외에 그 나라의 환율에 투자한다는 의미를 담고 있는 것이다. 따라서 투자하기 전에 투자 대상 나라의 통화 강세 가능성도 사전에 고려해야 한다. 만일 해외 부동산 또는 펀드의 이익만 고려하고 싶다면 투자 이전에 환율을 헤지(Hedge)하는 방안도 생각해야 한다. 예상하지 못한 환율의 변화로 근본 목적 달성이 힘들 수도 있기 때문이다. 여기에서 헤지는 가격변동 위험을 회피하기 위한 거래를 말한다.

예를 들어, 기업의 경우 향후 지급받을 수출 대금의 가치가 환율 변동에 따라 크게 달라질 위험이 있으므로, 이를 회피하기 위해 선물환거래를 이용해 환율을 미리 고정시키는 헤지거래를 한다. 또한 펀드매니저가 주식시장 하락에 대비해 주가지수선물을 매도하는 것도 대표적인 헤지거래의 사례다.

주가 뛰어 '꿩 먹고' 원화 값 급등 '알 먹고'
외국인 40일새 33조 원 벌었다

외국인 투자자가 지난해 12월 이후 40여 일 만에 국내 증시에서 33조 원이 넘는 돈을 벌고 있는 것으로 조사됐다. 이 기간 국내 증시가 강세를 보이면서 외국인 투자자의 보유 주식 평가액이 급증하고 있는 데다 원화 값 강세가 이어지면서 환율 평가차익도 눈덩이처럼 불어나고 있기 때문이다.

12일 금융감독원과 증권선물거래소에 따르면 외국인 투자자가 갖고 있는 국내 주식 평가액은 지난해 11월 말 254조 989억 원에서 이날 현재 272조 5,552억 원으로 증가했다. 이 기간 코스피지수는 8.1%, 코스닥지수는 4.2%씩 오르며 외국인 투자자의 주식 보유 평가액은 18조 4,563억 원이나 늘어났다. 또 외국인 투자자는 지난해 11월 말 달러당 원화 값이 1,033.4원에서 이날 현재 974.0원으로 급등하면서 14조 6,056억 원의 환율 평가차익을 올리고 있다. 이 기간 외국인 투자자는 국내 증시에서 지난해 12월 이후 6,300억 원어치를 순매도하고 차익을 실현했다.

이에 따라 외국인은 한국 시장에서 매각 차익을 포함해 총 33조 6,919억 원의 평가 차익을 올리고 있는 셈이다.

◆ 외국인 평가 차익이 1,239개사 9개월간 순이익과 맞먹어 = 이 기

간 외국인이 벌어들인 평가차익 총액은 12월 결산법인(코스닥 상장법인 포함)이 지난해 3분기까지 벌어들인 순이익에 육박한다. 증권선물거래소에 따르면 1,239개 12월 결산법인이 지난해 1분기부터 3분기까지 벌어들인 총 순이익은 37조 8,273억 원, 영업이익은 42조 6,094억 원이다.

금융감독원 전자공시시스템에 제출된 주식 등의 대량 보유 상황 보고서를 분석한 결과 지난해 12월 이후 이날 현재까지 5% 이상 지분을 새로 취득했거나 추가로 지분을 늘린 외국계 펀드 44곳은 주가 상승으로 총 1,647억 원의 평가차익, 원화 값 강세로 1,379억 원(이달 12일 환율 종가 기준)의 평가차익 등 총 3,026억 원의 평가차익을 기록하고 있다.

◆ 국내 기관 주식투자 더 늘려야 = 전문가들은 국내 기관이 주식투자 비중을 늘려 국내 증시의 주도 세력 구실을 해야 한다고 목소리를 높이고 있다. 지난해 주식형 펀드 인기에 힘입어 국내 기관의 주식 보유 비중이 늘긴 했지만 국내 주식시장 시가 총액의 40%를 보유하고 있는 외국인 투자자에 비해서는 여전히 턱없이 낮은 수준이기 때문이다.

신성호 동부증권 상무는 "외국인이 유가증권시장에 상장돼 있는 주식을 40%가량 보유하고 있기 때문에 막대한 평가차익을 올리고 있는 것은 이상한 일이 아니다. 오히려 외국인과 같은 자금력을 갖추고 있는 은행, 연·기금 등 국내 기관들이 주식 보유 비중을 늘리는 것이 국내 증시의 기반을 튼튼히 할 수 있는 길이다"라고 강조했다. [홍종성 기자 / 강계만 기자]

환율 변동의 원인

환율 변동은 국제자금이 수익을 쫓아 빠르게 이동하면서 나타난다. 따라서 국제자금의 이동 원인이 바로 환율 변동의 원인이라고 할 수 있다. 국제자금은 수익을 얻을 수 있는 변화가 나타날 때 이동하기 시작된다. 여기서 가장 중요한 요인은 기대수익률 및 미래 예상 환율의 변화로 볼 수 있다. 기대수익률의 변화가 환율에 미치는 영향은 다음과 같다.

국내 이자율에 비해 외국 이자율이 상승한다면 다른 조건이 일정할 때 외국에 투자하는 것이 바람직할 것이다. 따라서 국제자금은 원화를 매도하고 외화를 매수하므로 국내 통화는 절하된다.

외국 이자율 i^F의 상승 → 다른 조건이 일정할 때 외국 화폐 예금의 기대수익률 증가 → 국내 화폐 매도, 외국 화폐 매수 → 국내 화폐 절하

국내 이자율 i^D의 상승 → 다른 조건이 일정할 때 국내 화폐 예금의 기대수익률 증가 → 국내 화폐 매수, 외국 화폐 매도 → 국내 화폐 절상

한편, 미래 예상 환율의 변화가 환율에 미치는 영향은 강세 통화에 투자해야 한다는 원칙을 의미한다. 원화가 다른 나라 통화에 비해 강세가 예상된다면 다른 나라의 통화는 매도하고 원화를 매수하기 때문에 원화는 강세를 보일 것이다. 결국 국제자금은 낮은 금리 국가에서 높은 금리 국가로, 약세 통화 국가에서 강세 통화 국가로 이동한다고 볼 수 있다.

외국 통화 강세 전망 → 다른 조건이 일정할 때 외국 화폐 예금의 기대수익률 증가 → 국내 화폐 매도, 외국 화폐 매수 → 국내 화폐 절하

국내 통화 강세 전망 → 다른 조건이 일정할 때 국내 화폐 예금의 기대수익률 증가 → 국내 화폐 매수, 외국 화폐 매도 → 국내 화폐 절상

이자율과 환율의 관계

이자율은 환율에 큰 영향을 미친다. 즉, 이자율이 높은 나라에 해외자금이 유입되면서 이자율 높은 나라의 통화가 강세를 보인다. 그런데 "미국의 이자율이 상승함에 따라 달러 가치가 회복되고 있다"고 말했을 때, 이 견해는 늘 옳은가? '반드시' 옳다고는 말할 수 없다. 명목이자율은 실질이자율과 (예상)인플레이션의 합이다. 따라서 두 가지 요인, 즉 실질이자율과 (예상)인플레이션율 가운데 어느 것이 명목이자율을 변화시켰는지에 따라 환율에 미치는 효과는 매우 다르게 나타난다.

(예상)인플레이션율은 변화하지 않으나 실질이자율이 상승해 명목이자율 i^D가 상승한 경우를 생각해보자. 이런 상황에서는 달러의

예상 절상률은 변하지 않는다고 가정할 수 있기 때문에 달러 예금 기대수익률 증가로 달러 가치는 상승한다. 그러나 기대 인플레이션 상승 때문에 명목이자율이 상승하면 달러의 예상 절상률을 감소시켜 달러 가치는 하락한다. 결국 (예상)인플레이션율의 상승 때문에 국내 이자율이 오를 때 국내 화폐는 절하하는 반면, 국내 실질이자율이 상승할 때 국내 화폐는 절상된다.

실질이자율 상승으로 인한 명목이자율 상승 → 달러 예금 기대수익률 증가 → 달러 가치 상승

(예상)인플레이션율의 상승으로 인한 명목이자율 상승 → 달러 예금 기대수익률 감소 → 달러 가치 하락

따라서 명목이자율의 변화에 어떤 변수가 영향을 미치는지에 따라 화폐가치의 방향이 명백히 다르게 나타나므로 이자율이 환율에 미치는 효과를 분석할 때는 항상 실질 변수의 영향 때문인지, 명목 변수의 변화 때문인지를 구별해 조심스럽게 분석해야 한다.

화폐 공급의 변화와 환율

화폐 공급은 환율에도 상당한 영향을 미친다. 화폐 공급이 환율에 미치는 영향을 살펴보자. 만일 중앙은행이 실업률을 감소시키기 위해 화폐 공급을 확대하기로 결정했다면 환율은 어떻게 변할까? 이를 알기 위해서는 화폐 공급의 증가가 장·단기 이자율에 미치는 영향으로 구분해 살펴볼 수 있다.

먼저 장기적인 측면을 살펴보면 화폐 공급 증가는 인플레이션 우려를 불러일으킨다. 따라서 원화의 예상 절상률이 감소, 즉 원화 강세 기조를 약화시킬 수 있어 상대적으로 외국 예금의 기대수익률이 증가하며 따라서 원화는 약세를 보일 것이다. 그러나 단기적으로는 화폐 공급 증가가 이자율을 하락시키기 때문에 국내 예금의 기대수익률의 감소로 이어지며 원화는 약세를 보일 것이다. 결국 국내 통화 공급 증가는 장·단기 모두 원화 약세를 초래한다.

화폐 공급 증가 → 장기적으로 물가 수준 상승 → 원화의 예상 절상률 감소 → 외국 예금의 기대수익률 증가 → 원화 약세

화폐 공급 증가 → 국내 단기 이자율 하락 → 국내 예금의 기대수익률 감소 → 원화 약세

▶ 환율이란 우리 돈과 외국 돈의 교환 비율을 말한다. 화폐가치가 상승할 때는 평가절상, 가치가 하락할 때는 평가절하라고 표현한다.

▶ 환율은 국내 재화와 해외 재화 간 상대 가격에 영향을 미친다. 예를 들어 한 국가의 화폐가 절상되면 해외시장에서 가격 경쟁력이 약화되어 수출이 감소한다.

▶ 구매력 평가이론은 장기 환율의 결정을 설명한다. 이는 일물일가법칙에 물가를 반영한 이론으로, 두 국가 간의 환율은 두 국가의 물가 수준의 변화를 반영해야 한다는 이론이다. 구매력 평가이론은 모든 재화들이 두 국가에서 동일하고 수송 비용 및 무역장벽도 매우 낮으며, 소비자의 선호도를 무시해 환율의 변화를 충분히 설명하지 못한다는 단점이 있다.

▶ 환율은 이자율의 영향으로 단기적으로 변동하며, 해외에 투자할 때는 환율 변동을 반영한 기대수익률을 고려해야 한다.

▶ 자유로운 자본 이동성이 존재할 때 외국 은행예금과 국내 예금은 완전 대

체재라 볼 수 있다. 따라서 국제자금이 기대수익률에 따라 빠르게 이동하므로 국내 예금의 기대수익률과 외국 예금의 기대수익률 간의 차이가 없어야 하는데, 이를 이자율 평형조건이라 한다.

▶ 이자율이 환율에 미치는 영향은 실질이자율의 변화 때문인지, (기대)인플레이션율의 변화 때문인지 구별해 분석하여야 한다. 실질이자율의 상승으로 명목이자율이 상승했다면 화폐가치는 절상되지만, (기대)인플레이션율의 상승으로 명목금리가 상승했다면 화폐가치는 절하된다.

▶ 화폐 공급은 화폐가치를 절하시킨다. 화폐 공급은 유동성 효과로 단기적인 금리 하락으로 이어지는데, 이는 예금의 기대수익률을 감소시켜 화폐가치를 절하시킨다. 한편 화폐 공급으로 장기적으로 인플레이션이 예상된다면 화폐가치는 하락한다.

5

주식시장 흐름 읽는 법

주식이란

2005년 3월 코스피지수가 강한 저항대인 1000포인트를 돌파하고 여세를 몰아 2006년 1월 17일에는 1426.21포인트로 최고가를 형성하면서 주식시장에 '새로운 시대'의 도래에 대한 기대감이 커졌다. 그러나 내가 글을 마무리하던 3월 무렵에는 여러 악재가 도출되며 상승이 지속될 수 있을지에 대한 의구심이 싹트는 분위기였다.

진정 새로운 시대가 도래하는 것일까? 아니면 역사는 반복하는 것일까?

이 장의 주제는 늘 등락을 거듭하며 숱한 애환을 낳는 주식시장에 관한 것이다. 주식시장에 가장 큰 영향을 미치는 요인은 경기다. 경기란 실물·금융·해외 부문의 활동을 망라한 거시경제지표들의 움직임이 반영된 결과물이다. 많은 경제지표들이 주식시장이라는 용광로에 녹아들며 가격이 형성되므로 주식시장 분석은 쉽지 않다. 그러나 주가에 영향을 미치는 요인들을 꼼꼼히 살펴보면 주가의 향방을 어느 정도는 가늠할 수 있다.

주식은 크게 보통주(Common Stock)와 우선주(Preferred Stock)로 구분된다. 우선주란 주식과 채권을 혼합한 특징이 있다. 우선주 보유자는 채권과 같이 미리 정해진 이익배당을 매년 지급받는다. 이런 의미에서 우선주는 만기가 정해지지 않은 채권인 영구채권과 유사하다. 좋은 점이 있으면 부족한 점이 있게 마련이다. 우선주는 매년 정해진 배당을 받으나 의결권이 없다. 이 책에서는 보통주를 중심으로 주식시장을 살펴보겠다.

주식시장에서 거래되는 보통주는 기업이 자본을 조달하는 가장 중심이 되는 방법이다. 기업 처지에서 채권 발행은 갚아야 할 부채이지만, 주식으로 조달한 자금은 갚아야 할 의무가 없다. 투자자 처지에서 주식 1주를 가진 주주는 기업의 주주총회에서 한 표의 투표권을 가지며 배당 등 금전적 이익도 갖는다. 또한 주주에게는 채권 보유자와 달리 잔여 청구권(Residual Claimant)이 있다. 이는 회사가 청산하는 경우 주주는 국세청, 종업원, 납품업자, 채권 소유자, 기타 채권자 등의 청구권자에게 지급한 뒤에 남은 자산에 대해 청구권을 갖는다는 의미다.

주식투자로 기대할 수 있는 수익은 배당과 주식가치 상승에 따른 자본 소득이다. 과거 국내 기업이 배당에 인색했을 때 주식투자는 곧 자본 소득을 목표로 했지만 최근 주주 중심의 기업경영이 자리 잡고, 저금리가 진행됨에 따라 배당을 목적으로 하는 주식투자도 증가 추세에 있다. 배당투자 증가에 따른 긍정적인 효과는 주식의 단기 매매가 감소한다는 점이다. 자본 소득을 목표로 할 때는 주가의 단기적인 움직임에 관심을 쏟을 수밖에 없지만, 배당 투자는 주식의 장기적인 보유가 전제되기 때문이다.

주식 가치를 말할 때 여러 용어를 사용하는데, 그중 하나가 장부가치다. 장부가치란 대차대조표상의 자산에서 부채를 차감한 순자산가치를 말한다. 그런데 순자산가치는 자산의 취득원가를 일정한 기간에 걸쳐 배분하는 회계 규칙에 따라 산출되는 반면, 주식의 시장가치는 계속 기업(Going Concern)으로서의 기업 가치로서 장래 예상되는 현금 흐름의 현재가치를 반영한다. 따라서 장부가치와 시장가치가 일치하지 않은 경우가 대부분이다. 장부가치를 종종 주가의 바닥으로 여기기도 하지만, 장부가치 아래로 거래되는 기업도 존재한다.

주가의 바닥 가치로 더욱 의미가 있는 것은 청산가치다. 이는 회사가 청산 절차를 통해 자산을 매각해 부채를 상환한 뒤 잔여 재산이 주주에게 분배됐을 경우, 주주에게 돌아오는 가치를 말한다. 청산가치는 M&A(인수합병)를 위한 주식가치 평가에 주로 이용되는데, 주가가 청산가치 아래로 떨어질 때 M&A 표적이 되곤 한다.

주식의 장부가치, 청산가치로는 주식시장에서 거래되는 주식의 가치를 평가하는 데 한계가 있으므로 영속적인 사업체로서의 계속기업을 평가하는 데는 일반적으로 내재가치를 가장 많이 이용한다. 이 평가 방법은 주식투자자가 현금 배당과 주가 상승 이익을 기대하고 있다는 관점에서 출발하므로 우리가 주식시장에서 주식을 거래하는 취지에 부합된다고 볼 수 있다.

주식의 기대수익률

우리는 투자에 나설 때 이익을 기대한다. 주식투자에서 얻을 수 있는 이익은 배당과 자본 소득, 즉 시세차익이다. 이익을 수익률 개념으로 확대할 때, 주식투자에 따른 예상 보유 기간수익률(HPR, Holding Period Return)은 다음과 같다.

$$HPR = \frac{D_1 + P_{t+1} - P_t}{P_t}$$

HPR＝t 시점에서 $t+1$ 시점까지 보유한 주식의 수익률, P_t＝t 시점에서의 주식 가격 즉, 매수 가격, P_{t+1}＝$t+1$ 시점에서의 예상 매도 가격, D_1＝예상 배당금

앞의 식을 다음과 같이 구분해보자.

$$\frac{D_1}{P_t} \ : \ \text{배당수익률(Dividend Yield)}$$

$$\frac{P_{t+1} - P_t}{P_t} = g \ : \ \text{자본수익률(Rate of Capital Gain)}$$

$$HPR = \text{배당수익률} + \text{자본수익률}$$

$\dfrac{D_1}{P_t}$ 은 미래의 예상 배당금을 매수 가격으로 나눈 것이므로 배당수익률이며, $\dfrac{P_{t+1} - P_t}{P_t}$ 는 보유 주식을 매도할 때 발생하는 수익률 즉, 자본소득이다. 따라서 주식투자에 따른 예상 보유 기간수익률은 배당수익률과 자본수익률의 합인 것이다.

위 식을 보면 주식투자의 예상 보유 기간수익률과 채권투자의 예상 보유 기간수익률을 구하는 공식이 상당히 유사하다는 점을 알 수 있다. 채권에는 이자소득이 있으나, 주식에는 배당수익이 있다는 점만 다를 뿐이다.

위 식에서 향후에 지급될 배당과 예상 주가를 알고 있다면, 예상 보유 기간수익률은 쉽게 구할 수 있다. 예를 들어 ABC 주식의 예상 배당 D_1=4,000원, 현재 주가 P_0=48,000원, 1년 뒤 예상 주가가 P_1=52,000일 때 예상 보유 기간수익률은 16.7%가 된다.

$$HPR = \frac{4,000 + (52,000 - 48,000)}{48,000} = 16.7\%$$

사례를 통해 예상 보유 기간수익률을 계산해보자. 예상 보유 기간수익률을 계산하기 위해서는 향후에 지급될 배당과 미래의 예상 주가를 알아야 한다. 사실 이것들을 알기는 쉽지 않지만, 최근 국내 기업들도 주주 중심의 경영을 강화하고 있어 일정한 배당 성향을 유지하려고 노력하므로 미래 배당은 과거의 배당을 참고해도 큰 무리는 없다.

한편, 미래 주가는 증권사에서 발행되는 기업 분석 리포트를 참고하면 도움이 될 것이다. 증권사 리포트는 보통 6개월 또는 1년 목표 가격을 제시하고 있어 미래 주가를 예측하는 데 도움을 받을 수 있다. 물론 증권사 애널리스트의 목표 가격이 진정한 미래가격이라고 할 수는 없지만, 참고할 만한 가치는 충분히 있다. 그 밖에 미래 주가를 알기 위해 다른 도구, 예를 들어 기술적 분석을 이용할 수도 있다.

2006년 2월 16일

웅진씽크빅 (016880)

4분기 실적 - 안정적인 성장과 잘 통제된 비용구조

김기안 (02)2020-7761   kian.kim@samsung.com

Reiterate:

BUY(M)

산업	: 교육
주가 (2월 15일)	: 11,650원
6개월 목표주가	: 15,000원
종합주가지수	: 1,304
코스닥주가지수	: 640
총발행주식수	: 35,450,710주
시가총액	: 4,130억원
120일 평균 거래대금	: 45.1억원
52주 최저/최고	: 4,390원/13,600원

기대를 충족하는 4분기 잠정실적 - 안정적인 성장 및 비용 통제

전일 발표된 동사의 4분기 잠정실적은 대체적으로 당사 및 시장 기대를 충족하였음. 매출과 영업이익은 전 부문의 고른 성장과 판관비의 적절한 통제로 전년동기대비 각각 9.7%, 60.6% 증가하여 영업이익률도 전년동기대비 2%pts 개선되었음. 경상이익은 전년동기대비 70.4% 증가하였으나 당사 예상을 하회하였는데, 이는 지분법평가이익이 예상보다 적었기 때문임. 그러나 이는 새로운 CEO를 맞이한 웅진식품(비상장)의 각종 평가손실 일시 반영 및 일부 계열사간의 합병에 따른 일시적인 요인 때문으로 파악되어 향후 이익 전망에 영향을 미치는 요인은 아니라고 판단됨. 한편, 동사는 2006년 매출과 영업이익이 당사 및 시장 기대보다 다소 높은 수준인 전년대비 각각 13.3%, 41.6% 성장하여 영업이익률이 7.1% 수준에 이를 것으로 전망하고 있다고 발표하였음.

긍정적인 견해 유지

동사에 대한 6개월 목표주가 15,000원(2006년 P/E 16배)와 BUY(M) 투자의견을 유지함. 이는 1) 적절한 사업 전략과 신규 사업의 높은 성장세, 이익률 향상을 위한 비용 통제 노력 등으로 향후 2년간 연평균 EPS 성장률이 46% 수준에 이를 것으로 추정되고, 2) 신규 사업에 대한 적절한 사업 전략을 구사하고 있다고 판단되어 중/장기적으로 기대 이상의 성과를 낼 가능성이 있으며, 3) 보유 지분가치를 제외하면 현재 주가가 2006년 EV/EBITDA 3.9배에서 거래되고 있어 valuation 측면에서 저평가되어 있다고 판단하기 때문임. 동사의 주가는 기대되어 왔던 학교사업(방과후교실)에 대한 정부의 학습업체 배제 발언에 따른 실망감으로 지난 1개월간 KOSPI대비 2.7% 초과 하락하였음. 그러나 당사는 법적으로 허가되어 있고 추가적인 성장이 기대되는 컴퓨터 교실만을 이익 전망에 반영하고 있고, 운영업체가 아닌 컨텐츠 제공업체로서 간접적으로 컴퓨터 이외의 과목 시장에 참여할 가능성도 있어 장기적으로 공교육 내에서의 새로운 사업 기회가 확대되어 동사의 성장성에 긍정적일 것이라는 기존 견해를 유지함.

12월 31일 기준	매출액 (십억원)	영업이익 (십억원)	경상이익 (십억원)	순이익 (십억원)	EPS (원)*	증감률 (%)	P/E (배)	순부채 (십억원)	EV/EBITDA (배)	P/B (배)	ROE (%)*
2003	462	16	21	14	323	(9.3)	36.1	(50)	12.5	3.0	8.0
2004	482	18	18	13	340	5.5	34.2	(46)	16.8	2.6	6.6
2005P	543	31	81	56	549	61.3	21.2	(65)	7.3	2.3	9.6
2006E	603	42	46	33	936	70.5	12.4	(68)	5.5	2.1	14.6
2007E	660	51	57	41	1,167	24.8	10.0	(89)	4.3	1.9	16.6

참고: • 일회성 항목 제외, 완전 희석화됨
자료: 웅진씽크빅, 삼성증권 추정

■ 당사는 2월 15일 기준으로 지난 6개월간 위 종목의 유가증권 발행에 참여한 적이 없습니다.
■ 당사는 2월 15일 현재 위 종목의 지분을 1%이상 보유하고 있지 않습니다.
■ 위 조사분석담당자는 2월 15일 현재 위 종목의 지분을 보유하고 있지 않습니다.

〔그림 5-1〕 증권사 기업 분석 리포트

〔그림 5-1〕은 증권사에서 발행한 기업 분석 리포트다. 웅진씽크빅에 대해 매수 의견을 내놓으면서 6개월 목표 주가를 15,000원으로 제시하고 있다. 6개월간 배당(중간 배당)이 없다고 가정한다면, 매수 가격(분석 당시의 종가를 매수 가격으로 한다)은 11,650원, 6개월간 예상 배당과 목표 주가는 각각 0, 15,000원이므로 앞의 공식을 이용하여 6개월간 예상 보유 기간수익률을 계산하면 28.76%가 된다.

$$HPR = \frac{0 + (15,000 - 11,650)}{11,650} \times 100 = 28.76\%$$

참고로, 기업 분석을 담당하는 애널리스트는 증권사 리서치센터의 셀 사이드(Sell Side) 애널리스트, 자산 운용사의 바이 사이드(Buy Side) 애널리스트로 구분되는데, 셀 사이드 애널리스트의 분석 자료는 낙관적인 경향이 있다는 점에 주의할 필요가 있다. 이들은 소속 증권사와 분석 대상 기업 간의 원만한 거래 관계를 유지해야만 정보 수집이 용이하기 때문이다. 따라서 셀 사이드 애널리스트의 기업 분석 리포트는 보수적인 시각으로 바라볼 필요가 있다.

한편 셀 사이드 애널리스트의 기업 분석 리포트에서 보통 기업 평가를 적극 매수(Strong Buy), 매수(Buy), 시장수익률(Marketperform), 시장수익률 하회(Underperform) 등으로 분류한다. 이 분류에서 시장수익률과 시장수익률 하회 의견은 매도로 받아들여도 무방하다.

자본자산결정모형

예상 보유 기간수익률과 자본자산결정모형(CAPM, Capital asset Pricing Model) 이론에서 말하는 할인율은 깊은 연관성이 있다. 따라서 주식투자 이론의 가장 중요한 핵심이라 할 수 있는 CAPM 이론을 간략하게 알아보자. 투자에는 리스크가 존재하는데, 이는 분산투자(한 종목이 아닌 여러 종목에 투자하는, 즉 달걀을 한 바구니에 담지 않는 것을 말한다. 흔히 포트폴리오라고 하며, 분산투자를 하면 수익률은 낮아지지만 리스크도 감소한다)로 제거 가능한 비체계적 위험(Unsystematic Risk 또는 분산가능 위험)과 제거할 수 없는 체계적 위험(Systematic Risk 또는 시장 위험)으로 구분된다. 투자자는 여러 주식에 분산 투자함으로써 파업, CEO의 교체 등 같은 비체계적 위험을 없앨 수 있다. 하지만 세계적인 경기침체 같은 리스크는 분산투자를 통해서도 제거할 수 없다. 이는 주식시장에 있는 모든 주식을 모아 담은 바구니도 위험하다는 뜻이다.

분산투자는 손실에 대한 보장 수단이 아니며, 단지 한 번에 모든 것을 잃을 리스크에 대한 보장 수단일 뿐이다. 결국 비체계적 위험은 분산투자로 없앨 수 있으나, 체계적 위험은 분산투자를 해도 그대로 남게 된다.

따라서 사람들은 주식투자에 따른 위험이 존재하므로 단기채권과 같은 안전한 자산보다 높은 수익을 얻어야 투자에 나서게 된다. 위험을 무릎 쓰고 투자를 하는데 안전한 자산보다 수익이 높지 않다면 아무도 투자를 하지 않을 것이다. 이때 주식의 리스크가 단기채권에 비해 얼마나 높은지를 나타내는 것을 리스크 프리미엄(Risk Premium)이라 하며, 시장수익률$[E(r_M)]$과 무위험수익률(r_f) 간의 차이로 측정한다.

리스크 프리미엄 $= E(r_M) - r_f$

결국 주식투자에 따른 리스크는 제거 불가능한 시장 리스크만 고려하면 된다. 다시 말해 특정 투자에 대한 보상은 오직 주식시장

전체의 리스크에 영향을 미치는 정도에 따라 달라진다. 이때 주식
시장 전체의 리스크에 기여하는 정도는 베타(beta)라는 척도를 통
해 산출할 수 있는데, 이것은 특정 투자의 리스크와 시장 리스크
간의 관계를 나타내며 베타는 다음과 같이 측정한다.

$$\text{베타}(\beta) = \frac{Cov(r_i, r_M)}{\sigma_m^2}$$

$Cov(r_i, r_M)$ =개별 주식과 시장수익률 간의 상관관계, σ_m^2 =시장수익률의 분산

베타를 계산하는 공식은 개별 주식의 기여도를 시장 포트폴리오
의 분산에 대한 비율로 표현한 것이며, 이는 시장 리스크에 대한 보
상을 의미한다. 베타를 반영한 주식의 기대수익률은 다음과 같다.

$$E(r_i) = r_f + \beta_i [E(r_M) - r_f]$$

r_f =무위험 수익률, β_i =특정 주식의 베타, $E(r_M) - r_f$ =리스크 프리미엄

위의 식이 의미하는 바는 주식투자에 따른 기대수익률은 무위험

이자율(r_f)과 리스크 프리미엄$[E(r_M)-r_f]$의 합이라는 것이다. 수익률은 시간에 대한 보상과 위험에 대한 보상으로 구분할 수 있는데, 이를 수식으로 표현한 것이다.

여기서 주목해야 할 점은 기대수익률과 베타, 즉 리스크는 정(+)의 관계에 있다는 것이다. 베타(리스크)가 크면 기대수익률도 높고, 베타가 작으면 기대수익률도 작다. 은행의 정기예금과 같은 무위험 자산의 베타는 영(0)이다. 무위험 자산은 미래에 확실한 수익을 제공하므로 리스크가 없어 베타는 영(0)이 된다.

무위험 자산의 기대수익률은 얼마인지 알고 싶다면 앞 식의 베타에 영(0)을 대입해보자. 그러면 $E(r_i)=r_f$가 된다. 이는 무위험 자산의 기대수익률은 무위험 수익률이 되는 것이며, 무위험 자산은 시간에 대한 보상만 기대할 수 있다는 의미다.

한편 모든 주식을 가중 평균한 주식시장 전체의 베타(β_m)는 1이 되며, 베타가 1보다 큰 주식을 공격적(Aggressive) 주식, 베타가 1보다 작은 주식을 방어적(Defensive) 주식이라 한다. 어떤 주식의 베타가 1.5라면 주식시장 전체, 즉 코스피가 1% 오를 때(하락할 때), 이 주식은 1.5% 상승(하락)한다. 다시 말해 베타가 1보다 큰 주식은 시장 전체보다 등락이 심하기 때문에 미래 수익의 불확실성이 더욱 커 공격적 주식이라 불리는 것이다.

CAPM을 정리하면 다음과 같다. 투자자가 많은 리스크에 직면하더라도 분산투자자는 단지 주식시장 전체와 관련된 리스크만 고려하면 된다. 베타는 이러한 리스크를 측정할 수 있게 해주며, 이 리스크를 투자자의 최소 요구수익률(Required Rate of Return)로 변환할 수 있게 해준다. 은행 정기예금처럼 안전한 자산의 베타는 영(0)이다. 투자가 위험해질수록 베타는 커지며, 무위험 수익률보다 많은 프리미엄을 벌어 들여야 한다.

사례를 들어 ABC 주식의 기대수익률을 계산해보자.

현재 무위험 수익률(r_f)=6%, 리스크 프리미엄$[E(r_M)-r_f]$=5%, ABC주식의 베타(β_i)=1.2일 때 기대수익률은 12%가 된다.

$$E(r_M)=6\%+1.2\%\times5\%=12\%$$

기대수익률 12%는 시간에 대한 보상 6%에 위험에 대한 보상 6%가 더해진 값이다. 결국 주식투자는 위험이 큰 만큼 무위험 자산에 비해 많은 기대수익이 주어진다는 것이다. CAPM 이론에서 말하는 기대수익률은 주식의 고평가, 저평가 여부 판단 및 주식 현금 흐름의 할인율 등으로 이용되기 때문에 매우 중요한 개념이다.

주식의 저평가, 고평가 판단

흔히 예상 보유수익률을 기대수익률, CAPM을 이용하여 계산한 수익률을 요구수익률이라 표현하는데, 여기서는 편의상 혼용해 사용한다. 우리는 CAPM을 이용해 기대수익률(또는 요구수익률, 이를 k라 표시한다)을 계산할 수 있다. 그런데 주식 가격이 적정하게 형성됐다면 예상 보유수익률과 기대수익률은 동일하겠지만, 주식시장에서 가격이 잘못 형성될 가능성이 있다.

예를 들어 ABC 주식의 예상 보유 기간수익률이 14%라면 CAPM으로 계산된 기대수익률에 비해 2%포인트 상회하는 것이다. 이는 동일한 리스크를 부담하면서도 수익률이 2%포인트 높다는 뜻으로, ABC 주식이 저평가되어 있다는 것을 의미하므로 매수해야 한다.

주식시장이 균형 상태에 있을 때 주식의 시장가격은 모든 시장 참여자들이 추정하는 내재가치의 평균치를 반영한다. 그런데 어느 특정 투자자가 인식하는 주식의 내재가치와 시장가치가 차이가 있다면 그것은 이 투자자가 예상하는 미래배당, 미래주가, 기대수익률 등이 다른 시장참여자의 평균적인 견해와 다르다는 점을 말하는 것이다.

배당할인모형

주식의 가치를 평가하기 위한 일반적인 방법은 미래 현금 흐름인 배당을 현재가치로 추정하는 배당할인모형(Dividend Discount Model)이다. 즉, 주식의 가치는 당기순이익 중에서 주주에게 귀속되는 배당금의 크기에 의해 결정된다는 것이다. 고든(M. J. Gordon)은 이를 '손안의 새(Bird in Hand)'라고 했다. 이는 숲 속에 아무리 많은 새가 있더라도 자기 손안에 있는 한 마리의 새가 더 가치가 있다는 의미다. 다시 말하면 기업의 이익이 아무리 많더라도 주주에게는 실질적으로 확실한 현금 흐름인 배당이 더욱 중요하다는 뜻이다. 1기 배당할인모형은 다음과 같다.

$$P_0 = \frac{D_1}{(1+k)} + \frac{P_1}{(1+k)}$$

P_0 = 주식의 현재 가격, D_1 = 1기 말에 지불되는 배당, k = 주식투자자의 요구수익률, P_1 = 1기 말의 주식 가격, 즉 주식의 예상 매도 가격

여기서 주의해야 할 점은 현금 흐름, 즉 배당과 예상 매도 가격을 할인하기 위해 사용되는 할인율은 이자율이 아닌 주식투자의 요구수익률이라는 점이다. 앞에서 본 것처럼 요구수익률은 CAPM으로 계산할 수 있다.

만약 어느 투자자가 ABC 주식에 투자하여 12%의 수익률을 벌면 만족한다고 하자. 즉, 요구수익률(k)=12%, 배당(D_1)은 연간 160원을 지급하며, 다음 해에 주식 가격(P_1)이 60,000원이 될 것으로 예상한다고 할 때, 주식의 내재가치 P_0 은 다음과 같다.

$$P_0 = \frac{160}{(1+0.12)} + \frac{60,000}{(1+0.12)} = 142.86 + 5,3571.43 = 53,714.23$$

이때 ABC 주식이 시장에서 50,000원에 거래된다면 저평가돼 있으므로 매수해야 할 것이다.

고든의 성장률 모형

기업은 어느 정도의 성장을 통해서만 유지될 수 있다. 기업의 성장 가능성을 인정하고 배당(또는 이익)성장률이 매년 g%로 일정하다면 배당할인모형은 다음과 같이 단순화할 수 있다. 이를 고든의 성장률 모형(Gordon Growth Model)이라 한다(참고로, 고든의 성장률 모형은 항상 다음과 같은 가정을 전제로 한다. 배당은 일정한 비율로 영구히 성장한다. 배당성장률은 주식 투자자의 요구수익률보다 작다. 이론적으로 볼 때, 만약 배당성장률이 요구수익률보다 크다면 장기적으로 기업은 불가능할 정도로 크게 성장할 것이다).

$$P_0 = \frac{D_0 \times (1+g)^1}{(1+k)^1} + \frac{D_0 \times (1+g)^2}{(1+k)^2} + \cdots + \frac{D_0 \times (1+g)^\infty}{(1+k)^\infty} = \frac{D_1}{(k-g)}$$

D_0 = 최근에 지급한 배당금, $D_1 = D_0 \times (1+g)$ 다음 기의 예상 배당금,
g = 예상되는 일정한 배당 성장률, k = 주식투자의 요구수익률

고든의 성장률 모형을 이용해 주식 가격에 영향을 미치는 요인을 정리하면 다음과 같다.

- **주식의 가치는 예상 배당이 클수록 상승한다**〔배당이 주가와 정(+)의 관계에 있지만 배당 감소가 반드시 주가 하락으로 이어지는 것은 아니다. 기업이 배당을 줄이는 대신 자금을 수익 높은 사업에 투자한다면 배당 감소에도 주가는 상승한다〕.
- **주식의 가치는 투자자의 요구수익률이 증가할수록 하락한다.**
- **주식의 가치는 성장률이 클수록 상승한다.**

한편 미래의 배당을 정확히 예측할 수 있다 할지라도 투자자의 요구수익률에 따라 주가는 달라진다.

[표 5-1]은 투자자들이 향후 배당을 2,000원과 3% 영구 성장을 동일하게 예상했더라도 요구수익률을 다르게 적용함에 따라 주

가가 변화된다는 점을 보여준다.

	요구수익률(할인율)	주식 가격(원)
A 투자자	15%	16,670
B 투자자	12%	22,222
C 투자자	10%	28,571

〔표 5-1〕 요구수익률의 변화와 주식 가격

주식 가격이 변하는 이유

주식 가격은 수시로 변한다. 주식 시세판을 보고 있으면 어지러울 정도로 변화가 빠르다. 이처럼 주식 가격이 자주 변하는 이유를 살펴보자. 주식시장에는 주가에 영향을 주는 새로운 정보가 끊임없이 유입된다. 파업, 순익의 증감, 새로운 사업 목적 추가 등부터 외국인의 동향, 금융통화위원회의 금리 결정, 미국의 증시 동향 등까지 수없이 많다.

그런데 정보가 주식시장에 들어올 때 투자자들은 미래의 배당 수준과 위험 등을 변화시킨다. 다시 말하면 시장참여자들은 새로운 정보를 받아들인 뒤 자신들의 예상을 수정하기 때문에 주식 가격이 계속 변하는 것이다.

예를 들어 경영진이 교체됐을 때, 어떤 투자자는 새로운 경영진이 주주를 중시하는 정책을 펼쳐 배당을 늘릴 것이라는 예상으로 매수를 하지만, 다른 투자자는 사업 전망이 현실성이 떨어진다는 비관적인 예상으로 매도를 한다. 이렇듯 기업에 대한 새로운 정보가 발표될 때마다 투자자들의 예상은 변하고, 이에 따라 가격도 변한다. 새로운 정보는 미래의 배당 수준 또는 위험에 대한 예상을 변화시킨다. 주식 투자자들은 계속적으로 새로운 정보를 얻고 그들의 예상 수준을 수정하기 때문에 주식 가격은 계속 변할 수밖에 없다.

❶ 통화정책과 주식시장

애널리스트들은 미국 FRB 의장의 발언, 우리나라 금융통화위원회의 금리정책 등에 촉각을 곤두세운다. 주식 가격의 중요한 결정 요인 가운데 하나가 통화정책이기 때문이다.

통화정책이 주식 가격에 영향을 주는 이유를 고든의 성장률 모형을 통해 알아보자.

$$P_0 = \frac{D_1}{k_1 - g}$$

$D_1 = D_0 \times (1+g)$ 다음 기의 예상 배당금, $g =$ 예상되는 일정한 배당성장률,
$k = E(r_i) = r_f + \beta_i \left[E(r_M) - r_f \right]$ 요구수익률

통화정책은 두 가지 경로를 통해 주식 가격에 영향을 준다. 첫째, 금융통화위원회가 이자율을 인하할 때 주식의 대체 자산인 채권의 수익률은 감소하고 주식 투자자의 요구수익률 k는 낮아진다. 주식 투자자의 요구수익률은 시간에 대한 보상인 무위험 수익률과 위험에 대한 보상인 리스크 프리미엄의 합이다. 금융통화위원회의 이자율 인하는 무위험 수익률을 낮추기 때문에 결과적으로 요구수익률이 낮아지는 것이다. 요구수익률의 하락은 고든의 성장률 모형의 분모를 감소시키고, 이에 따라 주식 가격은 상승한다.

이자율 인하 → 투자자의 요구수익률 하락 → 성장률 모형의 분모 감소 → 주가 상승

한편 이자율 인하는 경기를 진작시킴으로써 기업의 매출 및 순익 증가로 이어질 것이다. 따라서 배당성장률 g가 상승할 가능성

이 있다. g의 증가는 고든의 성장률 모형의 분모를 감소시키고, 이에 따라 주식 가격은 상승한다.

이자율 인하 → 경기 진작 → 기업의 순익 및 배당 증가 → 성장률 모형의 분모 감소 → 주가 상승

❷ 9·11 테러, 엔론 스캔들과 주식시장

9·11 테러와 엔론 스캔들은 전 세계 주식시장에 막대한 영향을 미쳤다. 이 같은 사건이 어떤 경로를 통해 주식시장에 영향을 미쳤는지 알아보자. 세계를 놀라게 한 9·11 테러는 테러리즘이 미국을 마비시킬 수 있다는 가능성을 제기했다. 미국 경제가 마비된다면 미국 경제에 의존도가 높은 세계경제의 충격도 클 수밖에 없다. 이 같은 두려움은 기업들의 성장 전망을 하향 수정하게 만들었으며, 이에 따라 고든 성장률 모형의 배당성장률을 감소시켰다. 이로 인한 고든 성장률 모형의 분모 증가는 주식 가격을 하락시켰다.

9·11테러 → 미국 및 세계경제 마비 우려 → 기업 성장 전망 하향 →

성장률 모형의 분모 증가 → 주가 하락

또한 미국 및 세계경제에 대한 불확실성의 증가는 주식투자에 따른 리스크를 높여 주식투자자의 요구수익률을 증가시켰다. 요구수익률의 증가는 고든 성장률 모형의 분모를 증가시켰고, 전반적인 주식 가격의 하락으로 이어진 것이다.

9·11테러 → 세계경제에 대한 불확실성 증대 → 투자자의 요구수익률 증대 → 성장률 모형의 분모 증가 → 주가 하락

한편, 2002년 초 엔론 스캔들과 많은 기업들이 수익을 과대계상했다는 발표로 투자자들은 기업들의 수익과 배당성장률에 대한 기존의 장밋빛 전망에 대해 의문을 제기했다. 회계 정보의 질에 대한 불확실성 증가로 투자자들은 배당성장률을 하향 수정함과 동시에 요구수익률 k를 증가시켜 고든 성장률 모형의 분모는 상승, 결과적으로 주식 가격은 하락을 면치 못했다.

엔론 스캔들 → 회계 정보에 대한 불확실성 증대 → 배당성장률 감소 및 요구수익률 증대 → 성장률 모형의 분모 증가 → 주가 하락

경기와 주식시장

주가를 움직이는 가장 중요한 변수는 금리, 기업 실적, 성장성이다. 그런데 이들 변수는 경기 국면에 영향을 받는다.

경기순환은 회복기에서 확장기로 상승을 계속하지만, 정점에 도달하면 후퇴기를 거쳐 수축기로 들어가면서 4개의 국면을 나타내는데, 주식시장도 4개의 국면으로 나눌 수 있다(우라카미 구니오는 경기 국면에 따라 주식시장도 4개의 국면으로 나눌 수 있다고 주장했으며, 이를 주식시장의 사계절이라 말한다).

주식시장은 금융 완화를 배경으로 불경기 속에서의 주가 상승이라 불리는 '금융장세'로 상승을 시작한다. 금융장세에서는 여전히 좋지 않은 경기지표 및 기업실적이 발표된다. 그러나 정부의 적극

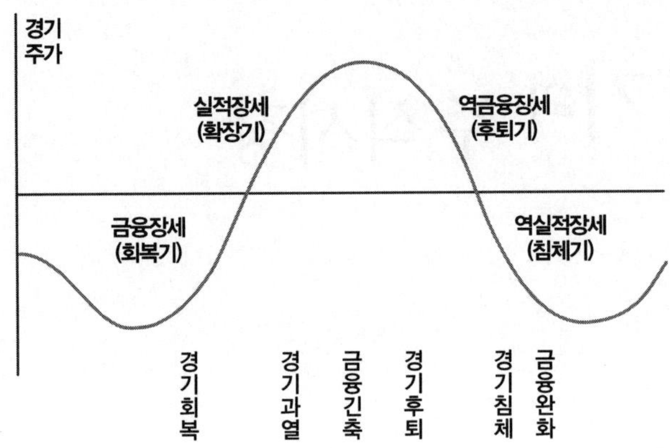

〔그림 5-2〕 경기순환과 주식시장

적인 금융정책, 즉 금리 인하로 경기가 회복되고 기업 실적이 좋아
질 것이라는 기대감이 나타나 증시로 자금이 유입되면서 주가가
상승한다. 이윽고 경기가 회복세로 돌아서고 기업 실적도 개선되
며 주가가 상승세를 지속하게 되는데, 이를 '실적장세'라고 한다.
이때는 경기가 확대되며 금리도 상승하나, 기업 실적 개선이 이어
지면서 주식시장의 상승세는 지속된다.

그러나 경기가 지나치게 과열되면 인플레이션 우려가 고개를 든
다. 따라서 정부는 인플레이션 억제를 위해 금리를 인상하는 긴축
정책을 펼치게 되며, 이때 주가는 하락세로 돌아선다. 이를 '역금

융장세' 라고 한다.

역금융장세에서 기업의 실적 개선은 이어지나 금리 상승이 주식 시장에 큰 부담으로 작용하게 된다(고든의 성장률 모형에서 금리 인상은 투자자의 요구수익률을 높이므로 주가는 하락한다). 정부의 긴축 정책으로 경기가 후퇴하고 기업 수익이 마이너스로 돌아서며 주식 시장은 바닥권인 '역실적장세' 로 돌입한다.

	금리	실적	주가
금융장세	↓	↘	↑
실적장세	↗	↑	↗
역금융장세	↑	↗	↓
역실적장세	↘	↓	↘

〔표 5 - 2〕 국면별 금리, 실적, 주가 동향

주가는 기업 수익에 근거하며, 경기순환은 이러한 수익의 주요한 결정 요인이다. 만일 경기순환의 전환점을 예측할 수 있다면 남보다 한발 앞선 투자가 가능하기 때문에 큰 이익을 챙길 수 있다. 하지만 전환점을 예측하는 건 쉽지 않다. 수개월이 지나기 전까지는 고점 또는 저점 등 경기순환 전환점을 알아낸다는 것은 사실상 불가능한 일이다. 경제 통계자료가 증가하고, 경기예측 방법도 개선됐지만 경기전망의 정확성은 그다지 향상되지 않은 것이 현실이다.

또한 주식시장은 경기에 선행하지만, 거짓된 경고를 하는 경향도 있다. 주식시장의 거짓된 경고 경향을 경제학자 새뮤얼슨(Paul A. Samuelson)은 "주식시장은 최근의 5번 침체기를 9번으로 예측했다"고 표현했다.

아마도 주식투자자가 취하는 가장 나쁜 행동은 시장에 만연해 있는 경기 전반에 대한 감정을 그대로 받아들이는 태도일 것이다. 이러한 태도는 결과적으로 모든 사람이 시장을 낙관적으로 판단하고 시장 역시 상승기일 때 고가에 주식을 매수하도록 하며, 비관론이 만연해 있는 침체기에 주식을 매도하게 만든다. 결국 경제 상황을 분석함으로써 주식시장을 능가하는 수익률을 올리려면 전문가 못지않은 통찰력이 필요한 것이다.

주가수익비율

주가수익비율(PER, Price Earning Ratio)은 주식시장 투자지표 중에서 가장 대표적으로 활용되는 지표 중 하나다. PER는 현재 주가를 1주당 순이익으로 나눈 비율로, 주가가 1주당 순이익(EPS, Earning Per Share)의 몇 배가 되는지를 측정하는 지표다.

$$PER = \frac{주가}{1주당\ 순이익(EPS)}$$

예를 들어 어느 기업의 1주당 순이익이 2,000원이고, 주가가 1만 원이라면 이 기업의 PER는 5배$(=\frac{10,000}{2,000})$가 된다.

PER의 이용 방법은 다음과 같다. 먼저 현재의 PER를 과거와 비교함으로써 과거보다 높고 낮음에 따라 주가의 고평가 또는 저평가 정도를 판단하는 데 활용된다. 만일 과거에 비해 PER가 낮을 경우 현재 주가는 주당 이익 1원에 대해 시장에서 저평가되고 있다는 것으로, 주가가 상승할 가능성이 높다고 판단할 수 있다[(그림 5-1)에서 웅진씽크빅의 PER를 보자. 웅진씽크빅의 PER는 2003년 36.1배였지만, 2007년에는 10.0배로 추정된다. 이는 분모인 주당 순익 증가가 시장 가격에 반영되지 않은 결과다. 과거에 비해 PER가 낮으므로 향후 주가의 상승이 기대된다고 볼 수 있다]. 이는 향후 주가가 적정하게 평가될 경우 주가가 상승하리라는 믿음에서 비롯되는 것이다.

즉, 투자자들은 기업의 수익력에 근본적인 변화가 없다고 할 경우 PER가 과거 평균 수준으로 회귀할 것으로 예측한다.

그리고 한 시점에서 산업 또는 시장평균 PER 수준과 비교하여 해당 기업 주가의 고평가 또는 저평가 정도를 판단하는 데 활용되기도 한다.

예를 들어 통신 업종의 PER가 20배인데, 통신업종의 어느 기업의 PER가 15배에 형성되어 있다면 이 기업은 저평가되었다고 판단하는 것이다.

또한 최근 주식투자가 글로벌화하면서 국가 또는 거래소시장 평균 PER를 비교함으로써 국가 또는 거래소시장 전체의 상대적 주가 수준을 평가하기도 한다.

[기사 5 − 1]에서는 우리나라 PER는 신흥시장과 비슷한 13배로 국내 주식시장의 저평가 매력이 줄어들었다고 보도하고 있다. 과거 우리나라 PER는 10배 이하로 국내 주식시장 저평가 근거로 자주 애용됐으나, 코스피지수가 1000포인트를 돌파하는 등 주식시장 활황에 힘입어 저평가 단계를 넘어선 것이다.

"한국 주식 저평가 매력 줄어"

한국 PER 13배 ··· 세계 신흥시장과 비슷

지난해만큼 급등 어렵지만 장기 상승 기대

한국 증시가 절대적 저평가 국면을 벗어나고 있다. 최근 주가가 급등하면서 과거처럼 푸대접을 받는 주가 수준은 아니다. 그만큼 주가도 지난해처럼 급등하기 힘들다는 게 전문가들의 견해다.

19일 블룸버그에 따르면 한국을 비롯한 대만, 멕시코, 브라질, 남아프리카공화국 등 세계 주요 신흥시장의 지난해 예상 실적 기준 평균 주가수익비율(PER)은 13.64배다. 이 수치가 크면 주식시장에서 해당 기업이나 시장에 대해 높이 평가하고 있는 셈이다. 한국은 13.34배로 평균 수준이다. 적어도 신흥시장 안에서는 푸대접을 받고 있지 않다는 수치다. 이 때문에 한국 주식이 과거처럼 절대적 저평가 국면을 탈출한 것으로 분석된다.

김학균 굿모닝신한증권 연구원은 "과거 우리 증시의 PER는 7~8배 수준에 불과했다"며 "지난해 주가 상승에 따라 코스피지수가 비싸다고는 말하기 어렵지만 적어도 저가 매력은 크게 희석됐다"고 평가했다.

이종우 한화증권 상무는 "분석 대상 기업들의 올해 추정 실적 기준 평균 PER가 10.9배 수준으로 11배 내외"라며 "과거 최고 수준인 13배는 물론 다른 신흥시장과 비교해도 절대적으로 싸지 않은 상황"이라고 말했다.

◆ 단기적으론 조정 국면 불가피 = 최근 급등에 따라 주가 수준이 부담스러운 수준으로 올라선 점이 단기적으로 조정 국면이 불가피한 이유로 꼽힌다. 코스피지수는 지난해 10월 말 이후 24%나 상승했다.

김영익 대신증권 상무는 "시뮬레이션 결과 OECD 경기선행지수가 2~3월께 고점을 찍고 한국 경기선행지수도 4~5월께 고점이 예상된다"며 "올해 2~3분기께 미국 등으로 수출이 둔화되면 주가도 당분간 크게 오르기 힘들다"고 말했다.

미국 경기 둔화에 따라 우리 기업들의 수출도 감소한 데 이어 국내 생산과 소비도 타격을 받을 수밖에 없다는 논리다. 김 상무는 이 때문에 코스피지수는 경기를 미리 반영하면서 1분기에 올해 고점을 찍고 2분기 이후 3분기까지 내리막길을 걷다가 4분기에나 반등할 수 있다고 전망했다.

하지만 이종우 상무는 이런 '비관적' 시나리오에 반대한다. 이 상무는 "미국 경기가 요즘 염려만큼 둔화될 가능성은 적다"며 "더욱이 한국 수출은 미국보다는 중국과 유럽연합(EU) 국가들 비중이 훨씬 커 주가도 과거처럼 OECD 경기선행지수에 크게 영향을 받지 않을 것"이라고 반박했다.

대신증권에 따르면 지난해 11월까지 우리 기업들의 홍콩을 포함한 중국 수출 비중은 27.2%로 가장 높았다. EU가 15.4%, 미국이 14.6%로 뒤를 이었다. 이 상무는 또한 비록 수출 증가율이 지난해보다 줄어들더라도 이 부분을 내수 회복이 뒷받침해줄 것이라고 덧붙였다.

◆ 장기적으로는 대세 상승 국면 유효 = 전문가들은 하지만 장기적으로 국내 증시는 상승 국면이 예상된다고 전망했다. 특히 최근 급락세는 '성장통'이라고 해석했다.

김영익 상무는 "현재 PER가 11배 내외이지만 아직도 신흥시장 평균 13배는 물론 선진국 시장 17배보다 낮은 수준"이라며 "우리 증시가 선진국 시장으로 가기 위한 과정에 있다"고 말했다. 장기적으로는 상승 국면이 유효하다는 해석이다.

그러나 올 한해 한국 증시는 지난해와 다를 것이란 점은 주목해야 할 것으로 보인다. 이종우 상무는 "올해 연중 최고 지수는 1,650까지도 예상되지만 시장 자체가 절대적 저평가 국면을 벗어나면서 지난해처럼 조정기에 묻어놓더라도 수익을 내는 상황은 아니다"며 투자 종목 선정에 주의해야 한다고 강조했다. 이 상무는 과거처럼 비용을 줄여 이익을 내기보다는 영업을 확장해 이익을 늘리는 업종 대표주에 주목할 것으로 주문했다. 해당 기업으로는 삼성전자와 현대차를 꼽았다. [김명수 기자]

이론적인 주가를 계산하는 방법에는 본질가치(또는 내재가치)를 구하는 방법과 상대가치를 구하는 방법이 대표적이다. 본질가치를 구하는 방법은 고든의 성장률 모형과 같이 미래 배당 흐름을 추정한 뒤 이를 현재 가치화하는 것이며, 상대가치를 구하는 방법은 PER, PBR(Price Book Value Ration) 등을 같은 업종의 다른 기업과 비교해 구하는 것이다. 한편 PER를 이용해 주가의 상대 가치를 구할 수 있다. 상대 가치는 기업의 주당 순이익에 산업 또는 매우 유사한 기업의 PER를 곱해 구한다.

이론 주가 = EPS × 산업 또는 매우 유사한 기업의 PER

예를 들어 어떤 기업의 주당 순이익은 2,000원이며, 이 기업이 속한 산업의 PER가 10배라면 이 기업의 주가는 2만 원(=2,000× 10배)이다.

PER는 나라와 기업마다 다르다. 이는 투자자들이 기업마다 미래 성장에 대한 기대를 다르게 적용하기 때문이다. 다시 말하면 PER에는 성장 기회에 대한 기대가 내재되어 있는 것이다. 따라서 기업 간의 PER 차이는 예상 성장 기회의 차이를 설명하며, 대체로 PER는 그 기업의 성장성에 대한 시장의 낙관적인 견해를 반영한다. 결국 PER가 높다는 말은 기업이 풍부한 성장 기회를 가지고 있다는 의미다. 경험으로 볼 때 PER는 배당이나 수익의 예상 성장률에 대한 대리 변수로 이용되는데, 예를 들어 A라는 회사의 PER가 15라면 이 회사의 연 성장률은 15%라고 예상하는 것이다.

하지만 PER는 리스크와 음($-$)의 관계를 갖는다. 즉 리스크가 증가하면 PER는 하락하는데, 이는 리스크가 커질 때 주주들의 요구수익률인 k가 상승하므로 PER는 낮아지는 것이다. 그런데 주식시장에서는 리스크가 큰 IT 기업들의 PER가 높게 형성되어 있다. 하지만 이 사실이 리스크와 PER의 관계를 부정하는 것은 아니다. 이는 투자자들이 위험(k)보다는 성장(g)에 더욱 강한 기대를 나타내기 때문에 나타난 현상으로 받아들여야 한다. 따라서 성장 기대가 강하다면, 리스크가 크다는 사실이 반드시 낮은 PER로 이어지는 것은 아니다.

PER의 장점은 주가의 상대적 수준을 측정하는 데 주주에게 분배된 배당금뿐만 아니라 내부 유보되어 있는 부분까지도 포함하는 이익을 사용한다는 점에 있다. PER가 현재 대표적인 투자 척도로 사용되고 있으나, 다음과 같은 한계점이 있다는 점에 주의해야 한다.

먼저 기술적인 측면에서 보았을 때 PER의 분모인 주당 순이익은 회계적 이익이라는 점이다. 즉 기업 회계 기준에 의해 작성된 이익이므로, 경제적 이익을 저평가할 가능성이 있다. 경기순환에 따라 회계적 이익이 경제적 이익의 추세치로부터 상당히 이탈할 수 있고, 이에 따라 PER가 경기변동에 따라 변할 수 있다.

그리고 PER가 낮다고 해서 주가가 반드시 상승한다는 것을 의미하지는 않는다. PER가 높다는 것은 해당 기업(또는 산업, 국가)이 창출한 이익(수익력)에 대해 투자자들이 더욱 높은 가치로 평가한다고 볼 수 있다.

예를 들어 전기전자업종의 PER가 통신업종에 비해 낮다고 할 때, PER가 낮기 때문에 주가가 상승할 가능성이 높다기보다는 투자자들이 통신업종 기업이 창출한 이익이 전기전자업종이 창출한 이익보다 더욱 가치가 있다고 평가한 것으로 해석할 수 있다.

결론적으로 기업(또는 산업, 국가)의 PER가 과거 수준에 비해 동일 산업 내 다른 기업에 비해 낮을 경우 주가가 상승할 가능성이 높다고 판단할 수 있지만, 이 경우도 그 기업(또는 산업, 국가)이 만들어내는 수익력이 동일하다는 가정 아래 가능한 것이다.

마지막으로 PER는 투자자들의 기대에 큰 영향을 받는다. PER의 분자인 주가는 시장에서 거래되는 현재 가격이다. 주식투자자들은 주식시장에 유입되는 새로운 정보를 바탕으로 끊임없이 자신들의 기대치를 수정한다. 하지만 기대가 반드시 현실화되는 것은 아니다. 1990년 후반 신경제(New Economy)의 기치 아래 인터넷 주식들이 상당한 수준의 PER를 기록했다가 거품이 꺼지면서 주가가 급락했다. PER에 투자자들의 성장에 대한 기대가 반영되어 있는 것은 사실이지만, 이는 기대치에 불과하다는 점을 명심해야 한다.

효율적 시장가설

종종 좋은 소식이 발표됐는데도 주가가 하락하는 경우도 있다. 또는 악재가 나타나 주식을 서둘러 팔았는데 이내 주가가 오르곤 한다. 효율적 시장가설(EMH, Efficient Market Hypothesis)은 이같이 호재, 악재 등에 주가가 반대로 반응하는 수수께끼 같은 현상을 설명해준다.

효율적 시장가설이란 금융시장에서 증권 가격은 모든 이용 가능한 정보를 반영한다는 것이다. 증권 가격에 모든 이용 가능한 정보가 반영되는 효율성의 원천은 '경쟁' 에서 찾을 수 있다. 정보를 입수하거나 분석하는데 돈, 즉 비용이 드는 만큼 그에 상응하는 수익을 기대하게 되며, 따라서 많은 사람들이 주가에 관계되는 정보 발굴에 적극적이게 된다. 그런데 정보를 발굴하여 돈을 벌겠다는 사람들 간에 경쟁이 치열할수록, 역설적으로 주가에 더욱 많은 정보가 반영되게 된다.

결국 주식시장에는 투자 성과를 높일 수 있는 단서에 매달리는 투자자들이 많이 존재하며, 이러한 정보 확보 경쟁 때문에 일반적으로 주가는 적정 수준에 맞는 이용 가능한 정보를 반영하게 되는 것이다.

효율적 시장가설에는 다음과 같은 유형이 있다. 첫째, 약형 효율적 시장가설(Week-Form EMH)로 주가에는 과거의 가격, 거래량 등 시장 거래 데이터로부터 얻을 수 있는 모든 이용 가능한 정보가 이미 반영되어 있다는 주장이다. 과거의 정보가 현재 주가에 모두 반영되어 있으므로 약형 효율적 시장가설은 주가의 추세 분석 등 기술적 분석을 부정한다. 다시 말하면 약형 효율적 시장에서는 기술적 분석으로 돈을 벌기 힘들다는 뜻이다.

둘째, 준강형 효율적 시장가설(Semistrong-Form EMH)로 과거의 정보뿐 아니라 기업의 장래에 대한 공개된 이용 가능한 모든 정보가 이미 주가에 반영되어 있다는 주장이다. 준강형 효율적 시장에서는 기술적 분석뿐만 아니라 기본적 분석의 유용성도 부정한다. 즉, 기술적 분석이든 기본적 분석이든 아무리 열심히 해봐야 주식

투자로 수익을 내기란 불가능하다는 것이다.

마지막으로 강형 효율적 시장가설(Strong‐Form EMH)은 주가에 과거의 정보, 현재 이용 가능한 모든 정보 외에 기업의 내부자밖에 알지 못하는 정보도 포함되어 있다고 주장한다. 결국 주식시장이 강형 효율적 시장을 따른다면 돈을 벌기 위한 어떠한 노력도 무의미해지고 만다.

증권 분석(Security Analysis)은 효율적 시장을 거부한다. 증권 분석의 목적은 좋은 가치를 가진, 즉 저평가된 주식을 찾는 데 있기 때문이다. 시장이 효율적이라면 주가는 진정한 내재가치를 반영하므로 저평가된 주식은 없으며, 증권 분석은 무의미할 것이다. 하지만 금융공학의 세계에서는 효율적 시장가설을 따른다. 미래의 주가는 예측할 수 없는 랜덤워크(Random Walk) 행태를 보이기 때문에 확률변수(Probability Variable)라는 것이다. 증권 분석과 금융공학은 서로 양립할 수 없는 세계에 있는 것이다.

주식시장이 효율적인가 하는 견해에는 '지지 근거'와 '반대 근거'가 양립하고 있다. 시장 효율성의 지지 증거로는 먼저 투자자문가와 뮤추얼 펀드의 성과에 일관성이 없다는 것이다.

즉, 이들의 과거 성과가 미래 성과를 보장하지 않는다는 것이다. 그리고 주식 가격에 공시된 모든 이용 가능한 정보가 반영되어 있어 긍정적인 발표가 평균적으로 기업의 주식 가격을 상승시키지 못한다는 근거도 내세우고 있다. 이는 주가에 긍정적인 정보가 이미 선(先)반영돼 있다는 것을 말하는 것이다. 또한 주식 가격이 랜덤워크 행태를 보이고 있어 미래의 주식 가격 변화는 예측할 수 없다는 점도 시장 효율성의 증거로 제시되고 있다.

시장 효율성의 반대 증거로는 먼저 소기업 효과(Small-Firm Effect)를 들 수 있다. 작은 기업들의 위험이 매우 크다는 점을 감안하더라도 소기업들은 장기간 비정상적으로 높은 수익률을 올렸다는 것이다. 또 1월 효과(January Effect)가 있는데, 과거 오랜 기간에 걸쳐 주식 가격은 매년 12월부터 다음 해 1월 사이에 비정상적으로 상승하는 경향이 있다는 것이다.

〔기사 5-2〕에서는 우리나라를 포함하여 주요 국가의 1월 효과가 미미하지만, 1월 증시가 연간 흐름을 가늠하는 잣대로 유용하다는 점을 보도하고 있다(1월 효과, 즉 1월 강세 현상이 앞으로도 계속 미미하게 나타난다면 효율적 시장의 반대 근거에서 사라질 수도 있을 것이다). 그리고 주식시장의 과민반응 또는 과도한 변동성(Excessive Volatility)이 시장 효율성의 반대 근거로 제시되고 있는데, 이는 주식 가격의 변동이 주식의 내재가치에 의해 정당화되는 것보다 훨씬 크다는 것이다.

美·彿·獨 … '1월 효과 미미'
한국은 16번 중 9번 올라

연초 투자자들이 집중 매수함에 따라 주가가 상승한다는 이른바 '1월 효과'는 미미한 것으로 나타났다. 하지만 주요국 증시 중 한국 증시에서 '1월 강세' 현상이 두드러졌다. 증권선 물거래소는 5일 1990년부터 2005년까지 16년 동안 한국을 포함한 미국, 유럽, 아시아 등 8개국 증시에 대한 월별 평균 지수상승률을 비교, 분석한 결과 코스피지수는 1월에 16번 중 9번 상승했다고 밝혔다. 상승 비율은 56.25%로 프랑스(66.67%), 미국·싱가포르(각각 62.50%), 독일(60.0%)에 비해 높지 않았다.

거래소는 "90년 이래 1월 증시가 상승한 비율은 주요국 모두 50% 이상을 기록했으나 70%를 넘는 국가는 없어 이른바 '1월 효과'는 강하게 나타났다고 볼 수 없다"고 밝혔다. 다만 16년 동안 한국 증시 월별 평균 상승률(최대·최소값 제외)을 비교한 결과 1월 평균 상승률은 2.92%로 가장 높아 프랑스(1.90%), 독일(1.60%), 미국(0.6 0%)보다 높은 수준이다.

월간으로 비교할 때도 11월(4.08%), 10월(3.14%)에 이어 3위 수준이었다. 2월은 주가가 가장 약세를 보인 달로 16번 가운데 코스피지수가 상승한 것은 4회에 그쳤고 지수도 평균 2.16% 하락해 수익률이 가장 나빴다. 다만 1월 증시 향방은 연간 증시 흐름을 가늠하는 잣대로서 비교적 유용한 것으로 분석됐다.

　분석 결과 1월 증시 등락 방향과 연간 증시 등락 방향이 같게 나타난 해는 모두 12회로, 1월 증시가 상승했을 때 그해 증시가 강세를 보이거나 1월 증시가 약세였을 때 주식시장이 약세로 한 해를 마감한 비율은 75%였다. [김명수 기자]

(단위 : %, 회)

국가	지수	평균 상승률	상승 횟수	상승 비율	연간 동조비율
한국	KOSPI	2.92	9	56.25	75.00
미국	Dow30	0.60	10	62.50	81.25
영국	FTSE100	−0.37	9	56.25	62.50
프랑스	CAC40	1.90	10	56.67	73.33
독일	DAX	1.60	9	60.00	66.67
일본	Nikkei225	−0.10	8	50.00	56.25
홍콩	HangSeng	−0.76	6	37.50	62.50
싱가포르	STI	1.27	10	62.50	62.50

1990년 이후 주요국 1월 증시 현황

즉, 시장이 효율적이라면 주식시장에 새로운 정보가 유입될 때 내재가치에 근접하는 변화를 보이는 것이 마땅하지만, 그 이상의 변동을 보인다는 것이다.

주식시장이 효율적인가 하는 질문에는 아직까지 정답은 찾을 수 없으며, 앞으로도 논쟁이 계속될 것으로 보인다. 실증적 증거들은 효율적 시장가설이 금융시장의 행태를 평가하는 데 적정한 출발점이 될 수 있다는 점을 보여준다. 그러나 효율적 시장가설과 배치되는 현상이 존재하는 한, 효율적 시장가설은 금융시장의 행태를 설명하는 완벽한 이론이 될 수 없으며, 따라서 금융시장의 모든 행태에 일반적으로 적용할 수는 없을 것이다.

효율적 시장가설과 전략

효율적 시장가설은 주식투자에서 비정상적으로 높은 수익률을 기대할 수 없다고 주장한다. 신문과 증권사의 많은 정보는 대다수 시장참여자들에게 이용되며, 따라서 가격에 영향을 미칠 만한 정보는 시장가격에 이미 반영되어 있다는 것이다. 효율적 시장가설을 인정한다면 최신의 유용한 정보도 의심해야 한다. 만일 주식시장이 효율적이면, 주식 가격은 기대수익률이 균형수익률과 일치하도록 결정된다. 따라서 최신 정보는 특별히 가치가 있지 않을 뿐더러 비정상적으로 높은 수익률을 얻게 할 수도 없는 것이다.

때때로 투자자들은 자신이 알고 있는 최신 정보가 새롭고 유용한 정보이기 때문에 나머지 참여자들에 비해 우위에 있다고 생각한다. 그러나 자신이 취득한 새롭고 유용한 정보가 다른 투자자들도 알고 있는 내용이라면, 이 정보가 창출하는 이윤 기회는 급속히 사라지고 만다. 물론 어떤 투자자가 새로운 정보를 얻은 첫 번째 사람이라면, 이 정보는 이익을 줄 수 있을 것이다. 그러나 이러한 정보 취득은 상당히 어려운 일이며, 만일 얻는다면 운 좋은 사람일 뿐이다. 물론 기업의 내부정보를 취득할 수 있는 위치에 있다면 새로운 정보를 얻는 첫 번째 투자자가 될 수 있다. 그러나 이는 증권거래법 위반이다. 즉, 불법행위인 것이다. 따라서 정상적인 상황에서 일반 투자자가 새로운 정보를 얻는 첫 번째 투자자가 되기란 거의 불가능하다고 봐야 한다.

주식 가격의 변화는 예측할 수 없기 때문에 이미 예상하고 있는 정보가 발표될 때, 주식 가격은 변화하지 않는다. 이 같은 발표는 주식 가격을 변화시키는 어떠한 새로운 정보를 포함하고 있지 않기 때문이다. 주식 가격은 발표되는 정보가 새로운 것이고 예상치 않을 때에만 반응한다. 만일 어떤 뉴스가 예상된 정보라면, 주식은 반응하지 않을 것이다. 이는 주식 가격이 공시된 이용 가능한 모든 정보를 반영한다는 것을 의미한다. 종종 좋은 소식이 발표됐음에도 주식 가격이 하락하는 현상은 주식시장이 효율적이라는 점을 증명하는 것이다.

효율적 시장가설은 이용 가능한 최신의 유용한 정보, 전문가의 추천, 기술적 분석 등이 시장보다 좋은 성과를 달성하는 데 도움을 줄 수 없으며, 다른 시장참여자보다 더 좋은 정보가 없다면 어느 누구도 시장보다 더 좋은 성과를 달성할 수 없다고 말한다. 주식시장이 효율적이라는 가설을 인정한다면 투자자는 어떻게 해야 할까? 효율적 시장가설은 보통의 투자자(거의 모든 사람들이 이 부류에 속한다)는 계속 증권을 사고팔면서 시장을 앞질러서는 안 된다고 결론 내린다. 이런 행동은 결국 거래에서 수수료를 버는 브로커, 즉 증권사의 소득을 증가시킬 뿐이라는 것이다.

효율적 시장가설은 소극적 포트폴리오 관리(Passive Portfolio Management)를 지지한다. 소극적 관리란 과소 또는 과대 평가된 종목을 찾아내어 초과 수익률을 목표로 하는 것이 아니라 단지 잘 분산된 포트폴리오 구축을 목표로 한다. 이러한 전략은 통상 매수 후 보유 전략(Buy and Hold Strategy)이라 하는데, 소극적 관리의 공통 전략은 모든 주식을 포괄하는 광범위한 주가지수 움직임을 그대로 따라가도록 설계된 인덱스 펀드(Index Fund)를 구성하는 것이다. 빈번한 거래로 주식투자 비용, 즉 거래 수수료가 많이 발생하는 소액 투자자는 개별 주식을 매매하는 것보다 펀드에 투자하는 것이 바람직하다는 주장이다. 인덱스 펀드의 성과도 나쁘지 않다.

〔기사 5-3〕은 주식시장의 조정 국면에서 낮은 수수료와 안정적인 수익률이 장점인 인덱스 펀드가 진가를 발휘하고 있다고 보도한다.

인덱스펀드 조정장서 '眞價'

6개월 수익률 17.05% … 액티브형보다 높아

코스피 등 특정 지수를 쫓아가도록 설계된 인덱스펀드가 일반 주식형 펀드보다 높은 수익률을 보이며 주목받고 있다. 낮은 수수료와 안정적인 수익률이 장점인 인덱스펀드가 조정장을 맞아 진가를 발휘하고 있다는 평가다. 9일 한국펀드평가에 따르면 지수를 구성하는 대표 종목에 투자하는 인덱스펀드의 최근 6개월 평균수익률은 17.05%로 섹터와 종목을 선별해 공격적으로 투자하는 액티브펀드(16.32%)를 앞질렀다. 증시가 조정 양상을 보이고 있는 올해 수익률도 인덱스는 -4.29%로 액티브(-6.85%)형보다 높다.

이동수 한국펀드평가 애널리스트는 "적은 비용으로 안정적인 수익을 노리는 인덱스펀드의 장점이 조정장에서 빛을 발하고 있다"고 설명했다. 인덱스펀드는 수수료(보수율)가 운용자산의 1.5% 수준인 반면 액티브형은 2.5% 선이다. 또 인덱스펀드는 고액인 펀드매니저에 들어가는 비용이 적은 데다 종목 회전율도 낮아 편입 종목을 연 3~4회씩 매매하는 주식형보다 유지 비용이 훨씬 싸다. 따라서 장기적으로 보면 인덱스 수익률이 항상 주식형을 웃돈다는 게 전문가들의 설명이다. 한진규 유리자산 인덱스펀드본부장은 "미국의 경우 최고 수익률을 거둔 펀드의 최근 10년간 수익률을 비교해보면 인덱스형이 액티브형보다 45%포인트가량 높다"고 말했다. 이에 따라 삼성, 유리, 한국, CJ, 우리 등 국내 운용사들은 인덱스펀드 전담 본부나 팀을 설치하고 시장 확대에 대비 중이다. 수수료를 대폭 낮춘 온라인 전용 적립식 인덱스펀드도 최근 선보였다. 국내 인덱스펀드 시장 규모는 현재 1조 원 선이다. [백광엽 기자]

(단위 : %)

펀드 명	운용사	6개월	1년	3년	연초 대비
한국부자아빠인덱스파생상품	한국운용	22.23	36.77	170.71	-3.17
삼성인덱스프리미엄파생상품	삼성	21.02	33.79	160.32	-3.29
CJ Vision포트폴리오인덱스파생상품주식	CJ	22.75	36.72	159.80	-2.88
유리인덱스200주식파생상품투자B	유리	21.06	33.20	158.64	-3.32
프런티어뉴인덱스플러스α ClassA	우리	21.69	34.15	154.63	-3.00
Pru인덱스FREE파생상품 1	푸르덴셜	21.37	34.46	153.54	-3.45
Gallopkorea인덱스파생상품V-1	대한	21.43	33.79	148.60	-3.08
인Best인덱스파생상품S-1	대한	20.19	32.98	147.52	-3.25
Pru인덱스파생상품NH2	푸르덴셜	20.95	32.89	145.81	-3.42
AGI-KOSPI200Plus알파파생상품B-1	알리안츠	19.46	31.81	145.67	-3.18

(자료 : 한국펀드평가)

3년 이상 운용 중인 주요 인덱스펀드 수익률

여기서 한 가지 짚고 넘어가야 할 점은 펀드매니저의 구실이다. 인덱스 펀드를 구성하고 매수 후 보유 전략만 실행한다면 굳이 비싼 연봉의 펀드매니저가 필요할까 하는 것이다. 펀드매니저가 불필요하다면 투자자는 운용 수수료를 절약할 수 있기 때문이다. 그러나 효율적 시장의 존재는 펀드매니저의 구실을 부정하지 않는다. 투자자의 최적 포트폴리오는 연령, 세율, 리스크 회피도 등 다양한 요인의 영향을 받기 때문에 이를 조정하고 관리하는 펀드매니저가 필요한 것이다. 결국 효율적 시장에서 포트폴리오 펀드매니저의 구실이 '시장을 이기는 것(Beat the Market)', 즉 시장보다 높은 수익률을 올리기 위한 목적이 아니라 투자자 수요에 맞추어 포트폴리오를 구성하는 데에 있다.

합리적 버블

    미국의 다우존스지수(DJIA, Dow Johns Industrial Average)는 1987년 10월 19일 블랙 먼데이(Black Monday) 당시 미국 역사상 최대의 1일 하락 폭을 기록하면서 20% 이상 하락했다. 또한 2000년 3월 기술주 폭락 당시 나스닥 지수는 60% 이상 하락했다. 이 두 사건은 많은 경제학자들로 하여금 효율적 시장에 대해 의문을 갖게 했다. 즉, 블랙 먼데이와 기술주 주가 붕괴를 설명할 수 있는 경제의 근본적 변화가 무엇이었는지를 제시해야 하는 상황에 직면한 것이다.

    주가 폭락으로부터 얻은 교훈은 시장 펀더멘털(Fundamental) 이외의 요인들이 주가에 영향을 미친다는 것이다. 따라서 주가 폭락은 경제학자들에게 주식 가격은 기업의 진정한 가치(내재가치)를 반영한다고 설명하는 강형 효율적 시장가설이 맞지 않다는 점을 확신시켰고, 주가의 결정에서 시장 심리와 시장의 제도적 구조 등이 큰 구실을 한다는 점을 찾아냈다.

한편, 일부 경제학자들은 주가 폭락을 설명하기 위해 이른바 합리적 버블(Rational Bubbles) 이론을 제안했다. 버블은 자산가격이 자산의 내재가치와 다른 상황을 말한다. 그런데 합리적 버블 상황에서 투자자는 자산가격이 자산의 기본가치보다 높을 때 버블이 발생한다는 합리적 예상은 하지만, 미래에 어떤 사람이 현재보다 높은 가격으로 이 자산을 살 것이라고 믿기 때문에 계속해서 버블 자산을 보유한다. 사실 언제 거품이 꺼질지는 아무도 모르기 때문에 자산가격은 장기간 자산의 기본가치로부터 이탈한 거품 가격을 유지할 수 있는 것이다.

앞으로도 자산가격의 버블 현상은 종종 나타날 것이다. 앞을 내다볼 수 있는 현명한 사람이 아무리 거품 붕괴 가능성을 외치더라도 거품은 쉽게 가라앉지 않는다. 투자자들이 현재의 자산가격이 버블이라고 합리적으로 생각하고 있지만 미래의 누군가 이 자산을 살 것으로 믿는다면 계속해서 버블 자산의 매매, 즉 폭탄 돌리기는 지속될 것이기 때문이다. 결국 1987년의 블랙 먼데이 주가 폭락과

2000년의 기술주 주가 폭락은 효율적 시장가설이 근본적인 결함을 갖고 있다는 점을 보여준 사건들이라고 볼 수 있다.

자본시장이 효율적인가 하는 논쟁은 여전히 지속될 것이다. [기사 5-4]는 최근 중앙은행의 기능이 인플레이션 억제뿐만 아니라 자산 거품의 억제에까지 확대됐다는 점을 말하고 있다. 시대가 변하면서 중앙은행의 기능도 바뀌었다는 말이다. 앞으로는 합리적 버블 상황에서 폭탄 돌리기의 고리를 끊는 현명한 기능을 중앙은행에 기대해봐야 할 것 같다.

[기사 5-4] 〈동아일보〉 2006년 3월 3일자

금리정책 타깃, 물가서 자산 거품으로

시대가 바뀌면 … 중앙銀 역할도 바뀐다

18년 동안 '미국의 경제대통령'으로 불렸던 앨런 그린스펀 전 연방준비제도이사회(FRB) 의장은 퇴임을 앞두고 아쉬운 점을 하나 꼽았다. 1990년대 말부터 형성된 정보기술(IT) 거품을 미리 잡지 못했다는 것.

2000년 3월 5000이 넘었던 나스닥지수는 이후 2년 6개월 동안 75%나 폭락해 미국 경제가 심한 침체기를 맞았다. 그린스펀 전 의장은 경기 부양을 위해 2001년부터 무려 13번이나 금리를 낮춰 정책금리를 6.5%에서 1%로 떨어뜨렸다. 그린스펀 전 의장은 미리 금리를 올려 IT 거품을 조금씩 제거했다면 이러한 경기침체를 겪지 않았을 것이라는 아쉬움을 표현한 것이다. 예로부터 중앙은행의 가장 큰 임무는 물가안정이다. 하지만 최근 '자산가격의 거품'을 빼는 임무가 새롭게 부각되고 있다. 영국, 호주, 뉴질랜드 등은 이미 주택 가격의 거품을 잡기 위한 금리 인상에 나서고 있다. 한국은행 역시 부동산 가격 안정에 기여해야 한다는 목소리에 직면해 있다.

● 美-IT 日-주가 거품 빠지며 경기 침체

국제결제은행(BIS)에 따르면 1970~1980년대 초 남미의 경제 위기, 1980년 북유럽 3국의 금융 위기, 1990년대 한국과 동아시아의 경제 위기는 공통점이 있다. 물가는 안정된 상황에서 주식·부동산·금 등의 자산가격이 급격하게 올랐고, 이것이 무너지는 순간 예외 없이 경제 위기를 맞았다는 것. 일본은 1985~1989년 실질적인 물가상승률은 0%에 가까웠지만 주가는 3배로 뛰었고 금은 그 이상 뛰었다. 일본은 그 후 '잃어버린 10년'이라는 말이 나올 정도의 경기 침체를 겪었다. 한국도 물가상승률이 1991년 9.3%에서 1997년 4.4%로 떨어졌지만 주가 등 자산가격은 급격하게 올랐다.

● 경기가 좋아져도 물가는 안 오른다(?)

경제가 좋아지면 국민소득 증가 → 소비 증가 → 물가 상승으로 이어진다. 하지만 최근에는 이 공식이 깨져 경기회복에도 주요 국가의 물가 상승률은 1~2%에 머물고 있다. 중요한 이유는 중국이다. 중국이 값싼 노동력을 바탕으로 저가 제품을 쏟아내면서 물건 값을 떨어뜨렸기 때문이다. 최근 10년 동안 미국의 운동화와 의류 가격은 평균 11% 하락했다.

미국의 한 연구기관은 "중국 효과로 미국의 소비자물가 상승률이 1% 포인트 낮아졌다"고 발표하기도 했다.

다른 이유는 IT의 발달로 생산성이 높아지고 단위당 노동비용이 줄고 있다는 점. 따라서 기업은 물건 값을 올리지 않고도 수익성을 높일 수 있다.

● 영국 등 3개국, 선제공격에 나서다

과거 거품 붕괴로 경기 침체를 경험했던 영국, 호주, 뉴질랜드의 중앙은행은 2003년부터 집값을 잡기 위해 물가 안정에 필요한 수준 이상으로 금리를 올렸다. 이에 따라 연간 20%를 넘던 집값 상승률은 지난해 0%로 떨어졌다.

머빈 킹 영국 중앙은행 총재는 "장기적으로 주택 가격의 거품이 꺼지면서 경제가 침체하는 것을 막기 위해 단기적인 금리 인상을 택했다"고 밝혔다.

미국은 2004년 6월부터 14번이나 금리를 올렸다. 경제 호황과 고유가에 따른 물가 상승 압력을 줄이기 위한 것이지만 전문가들은 주택 가격의 거품을 빼는 목적도 숨어 있다고 본다. 하지만 벤 버냉키 신임 FRB 의장은 2002년 논문에서 "중앙은행은 자산가격의 거품 여부를 판단하기 어렵고 설사 거품이 형성됐다고 하더라도 금리정책은 효율적인 수단이 못 된다"고 썼다.

● 한국 부동산 거품 잡아야 '순항'

한국은행은 이달 초 콜금리를 0.25%포인트 올렸다. 한은은 "경기회복에 대한 확신이 커지고 있다"고 설명했지만 부동산 가격 안정도 감안했다는 것이 중론이다.

모건스탠리의 수석 이코노미스트 앤디 셰 씨는 "한국은 자산가격 거품에 직면해 있으며 한은의 콜금리 인상은 바람직한 정책"이라고 평가했다. 하지만 익명을 요구한 경제연구원장은 "한은의 금리 인상 시기가 물가 안정 측면에서는 적절했지만 자산가격 측면에서는 늦었다"고 말했다.

그동안 한은은 경기 부양을 위해 저금리를 유지했지만 이 때문에 주택담보대출 급증과 부동산 가격 급등의 부작용이 발생했다는 비판을 받았다. 전문가들은 한국은행이 물가 안정을 1차 목표로 삼는 것은 맞지만 자산가격 거품에 더욱 적극 대응할 필요가 있다고 조언한다.

금융연구원 신용상 박사는 "세계경제가 점점 복잡해지고 있으므로 금리는 물가 안정 외에 자산가격도 충분히 고려해야 한다"고 말했다. [김두영 기자]

▶ 보통주는 기업이 자기 자본을 조달하는 가장 중심적인 방법이다. 주식 가치를 평가하는 방법에는 장부가치 · 청산가치 · 내재가치 등으로 하는데, 내재가치를 측정하는 방법이 일반적이 모형이다.

▶ 주식투자에 따른 위험은 체계적 위험과 비체계적 위험으로 구분할 수 있으며, 비체계적 위험은 분산투자로 제거할 수 있으나 체계적 위험은 여전히 남는다. 따라서 주식투자에 따른 리스크는 제거 불가능한 시장 리스크만 고려하면 된다. 다시 말하면 특정 투자에 대한 보상은 오직 주식시장 전체의 리스크에 영향을 미치는 정도에 따라 달라진다. 이때 주식시장 전체의 리스크에 기여하는 정도는 베타라는 척도를 통해 산출할 수 있는데, 이것은 특정 투자의 리스크와 시장 리스크 간의 관계를 나타낸다.

▶ 고든 모형은 배당이 일정한 비율로 영구히 증가하고 배당수익률이 요구수익률보다 작다고 가정한다. 고든 모형에 의하면 주식 가치는 예상 배당이 클수록, 요구수익률이 낮을수록, 성장률이 증가할수록 상승한다.

▶ 주식 가격이 수시로 변하는 이유는 주식시장에 새로운 정보가 들어올 때

투자자들의 미래의 배당 수준과 위험 등이 변하기 때문이다. 즉, 시장참여자들은 계속 새로운 정보를 얻고 그들의 예상을 수정하기 때문에 주식 가격이 변하는 것이다.

▶ PER란 주가와 주당순이익의 비율을 말한다. PER가 높다는 말은 기업이 풍부한 성장 기회를 가지고 있다는 의미로 해석할 수 있다. 하지만 PER가 낮다고 해서 주가가 반드시 상승한다는 것을 의미하지는 않는다. PER가 높다는 것은 해당 기업(또는 산업, 국가)이 창출한 이익(수익력)에 대해 투자자들이 더욱 높은 가치로 평가한다고 볼 수 있다.

▶ 효율적 시장가설이란 주가에 모든 이용 가능한 정보가 반영되어 있다는 이론으로 약형, 준강형, 강형으로 구분된다. 효율적 시장가설은 과소평가된 종목을 발굴하는 것이 아니라 잘 분산된 포트폴리오, 즉 인덱스펀드 구축을 목표로 하는 소극적 포트폴리오 관리를 지지한다. 효율적 시장 상황에서 펀드 매니저의 일은 시장을 이기는 것이 아니라 투자자 수요에 맞춰 포트폴리오를 구성하는 데 있다.

▶ 버블이란 자산가격이 자산의 내재가치와 다른 상황을 말한다. 그런데 합리적 버블 상황에서 투자자는 버블이 자산가격이 자산의 기본 가치보다 높을 때 발생한다는 합리적 예상은 하고 있지만, 미래에 어떤 사람이 현재보다 높은 가격으로 이 자산을 살 것이라고 믿기 때문에 계속 버블 자산을 보유한다. 언제 거품이 꺼질지는 아무도 모르기 때문에 자산가격은 장기간 자산의 기본 가치로부터 이탈한 거품 가격을 유지할 수 있는 것이다.

6

금융 변수의 양면성

금융 변수의 이중적 해석

금융시장을 분석할 때 금융 변수의 이중적인 해석이 가능한 경우가 종종 발생한다.

예를 들어 금융시장에서는 이자율 상승이나 통화 절상 등으로 경기가 나빠질 것이라는 부정적인 측면이 강조되지만, 일반적으로 이자율 상승이나 통화 절상 기조는 경기 호전 또는 호황을 반영한다는 점에서 긍정적인 해석이 가능하다.

이러한 이중적인 해석이 가능한 이유는 금융 변수의 변화가 실물경제에 영향을 미칠 때까지 시간이 걸린다는 시차에서 비롯되는 경우가 많다.

즉, 금융 변수의 변화가 실물경제에 파급되는 데는 어느 정도 시간이 소요된다는 것이다. 따라서 금융 변수 변화에 대한 부정적인 측면이 강조되는 까닭은 금융 변수가 실물경제에 비해 자산시장에 서 빠르게 반응하는 것, 즉 금융 변수 변화에 따른 부정적인 파급 효과에 대한 경계감이 선(先)반영되는 것으로 이해할 수 있다.

이자율 상승

경기조절 기능을 가지고 있는 이자율 상승은 궁극적으로 경제성장을 제약하는 요인이다. 정책당국의 금리 인상이나 인플레이션 확대 등은 시장 금리의 상승을 유도해 기업의 비용 부담을 키우고, 시중 유동성을 제약하는 등 주식시장에 부정적인 요인으로 작용하는 것이 사실이다.

그러나 금리 인상 초기에는 금리의 경기 조절 기능보다 인상 배경의 긍정적인 측면을 주목할 필요가 있다. 정책당국의 금리 인상이나 인플레이션 확대 등은 근본적으로 최종 수요 회복 등을 전제로 하고 있다. 과거 미국의 금리 상승기에서는 고용 및 소득이 개선되면서 인플레이션 압력도 가중되는 모습을 보였다. 실제로 금리 상승기에 미국 경제는 금리 인상 전후보다 높은 성장세를 보인 것도 사실이다. 일단 경기가 소비 회복, 생산 및 투자 확대, 고용 및 소득 증가 등으로 이어지는 선순환 흐름이 전개되면 이러한 흐름이 한동안 지속되는 누적적인 확대 현상 등으로 안정적인 경제 성장이 지속 가능하기 때문이다.

물론 궁극적으로 정책 금리 인상이나 인플레이션 확대 등에 따른 시장 금리 상승은 소비자의 구매력을 떨어뜨리고 기업의 비용 부담을 가중시키는 등 선순환 흐름을 약화시킨다는 점에서 경제성장세를 제약하는 요인임이 틀림없다.

최종 수요 확대 → 인플레이션 압력 기중 → 정책 금리 인상 → 이자율 (시중금리) 상승 → 구매력 저하 → 투자 및 고용 약화 → 경기 둔화

결국 이자율 상승이 시작될 때 이에 대한 결론을 서둘러내기보다 이자율 인상 초기에는 인상 배경에, 이후에는 경기 모멘텀 둔화에 초점을 맞추는 등 상승에 따른 파급효과를 분리하여 분석할 필요가 있다.

보통 금리 인상 이후 경기는 상승세를 유지하는 가운데 시차를 두고 서서히 악화되지만, 경기 모멘텀은 이보다 빨리 악화된다. 따

라서 실물시장의 변화보다는 경기 모멘텀 둔화에 관심을 집중한다
면 남보다 한발 앞선 투자가 가능할 것이다.

한편, 궁극적으로 이자율과 주가는 음(-)의 관계에 있지만, 경
기회복기 및 경기후퇴기 등 경기가 전환점에 놓인 국면을 전후해
서는 이자율과 주가가 같은 방향으로 움직일 때가 있다는 점도 기
억해둘 필요가 있다.

통화 절상의 양면성

일반적으로 주식시장에서는 통화 절상, 즉 원화가 강세를 보일 때 수출이 감소하고 수입이 늘어날 것이라는 부정적인 측면에 민감하게 반응할 때가 있다.

원화 강세 → 수출 가격경쟁력 약화 → 수출 둔화 → 기업 실적 악화 → 경기 둔화

그러나 환율 변동에 따른 수출입 물량 변동에는 시차가 존재한다. 이를 'J커브 효과'라고 한다(J커브 효과란 국제수지 개선을 위해 자국 통화를 절하했음에도 초기에는 국제수지가 오히려 악화되고 어느 정도 시간이 경과한 후에 국제수지가 개선되는 현상을 말한다. 이는 환율 변화가 수출입 물량에 영향을 미치려면 시간이 필요하다는 점을 말한다). 즉 환율 변동으로 수출입 가격 변화는 즉시 일어나지만, 수출 및 수입 물량의 변화는 시간을 두고 진행된다는 것이다. 또한 환율 변동이 수출 및 수입에 영향을 미치기 위해서는 이들이 환율에 얼마나 민감하게 반응하는지 여부도 확인할 필요가 있다.

예를 들어 수출품 및 수입품이 경쟁 제품일 경우, 자국 통화 가치가 상승하면 수출은 감소하고 수입은 늘지만, 반대의 경우라면 수출은 증가하고 수입은 감소한다. 그러나 수출품이 수입품보다 우위에 있다면 환율 변동에 따른 부의 대체효과는 제한적으로 나타난다. 또한 수출은 환율 변동 이외에 해외 수요 변화에도 민감한 것이 사실이다. 좋은 품질의 상품을 만들어 판다면 환율 변화에 의한 가격 상승을 이겨낼 수 있다는 것이다.

⟨부의 대체효과⟩

자국 통화 강세 → 수출(수입) 가격경쟁력 약화(강화) → 수출(수입) 둔화(증가)

자국 통화 약세 → 수출(수입) 가격경쟁력 강화(약화) → 수출(수입) 증가(둔화)

한편 우리나라는 외환위기 이후 변동환율제가 도입되면서(우리나라 환율 제도는 고정환율제도 → 복수통화바스켓방식 → 시장평균환율제도 → 자유변동환율제도로 변해왔다) 환율 변동은 우리 경제의 기초 체력을 그대로 반영하게 됐다. 그런데 현실적으로 통화 절상, 즉 원화 강세는 일반적으로 경상수지 흑자, 외국인 투자 증가 등 경제가 안정될 때 나타난다. 따라서 적절한 환율 변동은 오히려 우리의 경제 및 주식시장에 긍정적일 수 있는 것이다. 결국 환율 변동에 의한 영향은 꼼꼼히 따져봐야지 단순히 도식적인 논리로 접근해서는 안 될 것이다.

금융시장에서는 일반적으로 금융 변수의 변화를 다소 민감하게 받아들이지만, 경기순환의 누적적인 확대 현상을 감안하면 실제로 금융 변수의 변화가 실물경제에 나타나기까지는 어느 정도 시간이 필요하다는 점에서 지나친 반응은 적절하지 못해 보인다. 먼저 금융 변수의 변화에 대한 시장 반응이 경제의 기초체력, 즉 펀더멘탈을 적절하게 반영하고 있는지를 판단해볼 필요가 있다.

변화의 바람

다음 문장을 비교해보자.

A. 경기가 좋아질 것으로 예상되므로 주가는 오를 것이다.

B. 주가가 오르고 있으므로 조만간 경기는 좋아질 것이다.

A. 경기 침체가 예상되는 만큼 장기 금리가 하락할 것이다.

B. 장·단기 금리 스프레드가 축소되므로 경기는 하강할 것이다.

A, B 두 문장 중 어느 말이 옳을까? 지금까지 우리는 A의 관점에서 금융시장을 분석했다. 하지만 시장참여자들은 B의 관점에서

논리를 전개하는 경우도 있다. 사실 A, B 중 어느 문장이 옳다고 볼 수는 없다. 어느 문장이 옳은 말인가 판단하는 것은 닭이 먼저인가 알이 먼저인가를 따지는 것처럼 결론이 나지 않는 무척 지루한 작업이다.

사실 닭이 먼저인지, 알이 먼저인지(이를 경제학에서는 인과문제라고 한다. 원인과 결과를 구별하기 힘들 때 쓰는 용어로 경제문제는 대부분이 인과문제에 봉착해 있지 않을까 한다)는 우리의 분석에서 그다지 중요하지 않다고 볼 수 있다. 이는 분석 시점에 따라 달라질 수 있기 때문이다.

그러나 놓치지 말아야 할 점은 변화의 바람이다. 변화의 바람이 어디에서부터 비롯됐는지는 정확히 알 수 없더라도 이자율, 환율, 주가 또는 경제정책 등 어느 한 곳에서 변화가 시작됐다면 그 변화는 다른 부문에 영향을 줄 것이 틀림없다. 이러한 변화가 어느 경로를 따라 궁극적으로 어떠한 영향을 미칠지를 알고 대비하는 것이 무엇보다 중요하다.

▶ 금리, 환율 등의 금융 변수에 대한 이중적인 해석이 가능하므로 주의가 필요하다. 금리 인상은 궁극적으로 경제성장을 제약하는 요인이나 금리와 주가가 같은 방향으로 움직이는 경우가 있으며, 원화 강세는 수출에 부정적이나 펀더멘털을 반영한 적절한 환율 변동은 오히려 주가에 긍정적으로 작용할 수 있다.

▶ 금융 변수의 변화가 실물경제로 파급되기까지는 어느 정도 시간이 필요하다. J 커브 효과란 국제수지 개선을 위해 통화를 절하했음에도 초기에는 오히려 국제수지가 악화되었다가, 어느 정도 시간이 경과한 후에 국제수지가 개선되는 현상을 말한다.

▶ 닭이 먼저인지 알이 먼저인지를 따지기 전에 변화가 시작됐다면 그 변화가 어느 경로를 통해 어떤 영향을 미칠지를 살펴봐야 할 것이다.

부록

금융상품의 진화

1 금융상품의 발전

지금까지 우리는 금융시장에 관해 살펴봤다. 금융시장이란 자금 여유가 있는 사람에게서 부족한 사람에게로 전달되는 시장을 말한다. 이러한 자금 중개는 은행, 증권, 보험 등 금융기관이 담당하는데 자금 중개의 매개가 되는 것을 금융 수단(Financial Instrument), 즉 금융상품이라고 한다.

우리가 은행에서 연 5%의 정기예금에 가입하는 행위는 정기예금이라는 금융상품을 매개로 하여 돈이 필요한 가계 또는 기업으로 빌려주는 것이다. 은행에 저축하는 사람은 자신의 돈이 누구에게 대출되는지 알 수도 없으며, 알 필요도 없다. 은행이 1년 뒤 원금과 5%의 이자만 보장하면 된다.

금융상품은 예금, 주식, 채권 등과 같은 전통적 상품에서 시간의 개념이 도입된 선물로, 변동성과 확률 개념이 도입된 옵션으로 발전했고, 이제는 전통적 금융상품과 이들을 결합한 복합금융상품으로 진화했다. 선물, 옵션 등 파생금융상품은 기업의 헤지 목적으로 만들어졌다. 기업은 미래의 환율, 혹은 상품가격 변동 리스크를 줄이기 위해 파생금융상품을 이용한다. 파생금융상품이 잠재적인 리

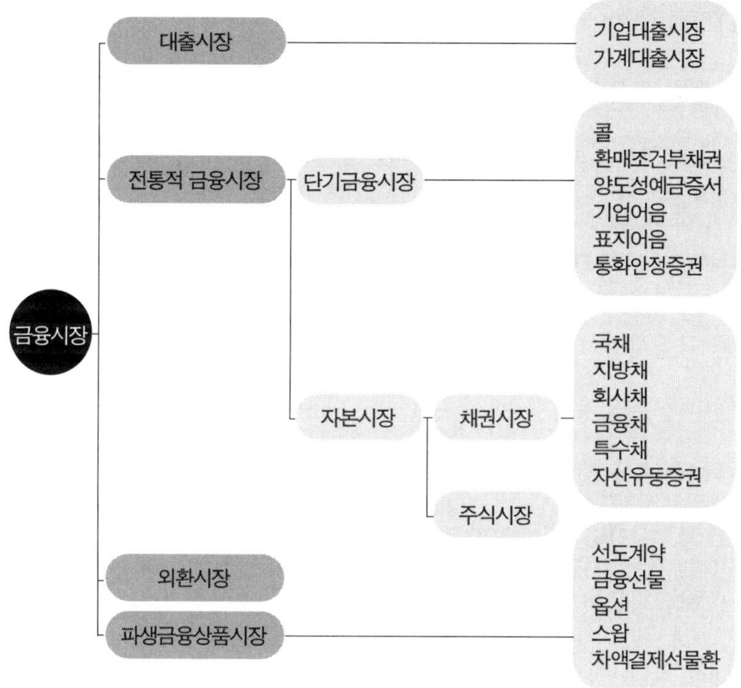

〔그림 1〕 우리나라 금융시장의 구조와 금융상품(자료 : 한국은행)

스크를 가지고 있다는 비판에도 많은 기업들이 이용하는 이유는 환율, 금리, 상품가격 등의 가격 변화 리스크를 가장 쉬우면서도 저렴한 비용으로 관리할 수 있기 때문이다. 어느 전문가의 말처럼 파생상품은 "기업의 수익과 리스크를 더욱 잘 관리하기 위해 누구나 가방에 넣고 다니는 새로운 도구"가 된 것이다.

그런데 파생금융상품은 기업뿐만 아니라 일반 투자자를 위한 복합금융상품으로 발전했다. [그림 1]에서 보는 바와 같이 예금, 채권, 주식 등이 파생금융상품과 결합해 전통적 금융상품보다 더 많은 수익을 줄 수 있는 복합금융상품의 개발이 가능함으로써 새로운 금융시장이 형성된 것이다. 이러한 복합금융상품 개발이 가능했던 것은 금융공학(Financial Engineering)의 발전에 따른 결과다.

여기에서 말하는 금융공학이란 기계공학을 금융에 적용한 것으로 볼 수 있다. 기계공학은 특수한 기계나 기구를 만들고, 정교한 부품을 다듬어 성능을 개선시키며, 기계적 완성을 위해 미세한 조작을 한다. 이러한 행위를 금융상품에 적용한 것이 금융공학이다. 금융공학은 자산을 합성 또는 분해하여 투자자를 위한 매우 매력적인 금융상품을 만든다.

이를 위해 선물·옵션·스왑 등을 이용하는데, 이들은 자체로 거래되기도 하지만 더욱 복잡한 금융상품을 구성하는 부품이 되기도 한다. 즉, 표준형으로 사용되기도 하고 특정 요구사항에 맞춰 변형되기도 한다. 또한 여러 가지 상이한 형태로 결합될 수도 있다. 이러한 여러 상품들의 조합, 분해, 거래 조건의 조정 등을 통해 투자자의 필요와 일치하는 상품이 만들어진다. 결국 금융공학이란 여러 가지 금융 기법을 재구성해 더욱 바람직한 속성을 가지는 금융상품을 만드는 것이다.

물리학, 수학, 통계학 등이 금융 분야에 파급되면서 새로운 금융상품의 창조가 가능해진 것이다. 금융기관은 금융공학을 바탕으로 새로운 금융상품을 만들고, 가격을 결정하며, 헤징도 한다. 이로써 금융상품은 IT 기술만큼이나 빠르게 발전하고 있다.

2 파생결합상품

금융공학의 발전으로 전통적 금융상품과 파생상품이 결합하고 있는데, 이를 우리나라에서는 파생결합상품이라고 한다. 파생결합상품이란 예금, 채권 등 일반적 금융상품에 파생상품이 결합된 일종의 복합금융상품을 말한다.

전통적 금융상품 : 예금, 채권, 주식 등 + 파생금융상품 : 선물, 옵션 등 = 파생결합상품(복합금융상품) : ELS 등

〔그림 2〕 파생결합상품의 구조

우리나라에서는 '저금리 기조'가 정착되면서 파생결합상품이 빠르게 성장하였다.

파생결합상품은 주가, 환율, 금리뿐만 아니라 기업의 신용, 날씨 등을 기초로 만들어지기도 한다. 원금의 지급 금액이나 지급 방법은 사전에 정한 조건의 충족 여부에 따라 결정된다. 따라서 매우 다양한 상품이 개발되어 투자자들이 원하는 상품 대부분이 만들어 질 수 있다고 해도 과언이 아니다.

분류	개념	사례
금리 관련	원리금 지급이 여러 유형의 금리 변형 변수에 연계	역변동 금리, 장기국채금리부(CMT) 연동금리, 이자율 옵션 내재
주식 관련	원리금 지급이 주가에 연계	주가지수연계(ELF, ELS)
통화 관련	원리금 지급이 환율에 연계	환율연계예금, 채권
상품 관련	원리금 지급이 금(金) 등 상품지수에 연계	금 연동예금, 채권신용 관련으로 원리금 지급이 신용 위험에 연계되는 신용연계채권(CLN)

〔표 1〕 파생결합금융상품(합성담보부채권)의 분류

③ 주가연계증권 : ELS

파생결합상품 가운데 개별 주식 또는 주가지수에 연동되는 상품에는 주가연계증권(ELS : Equity Linked Securities), 주가연계펀드(ELF : Equity Linked Fund), 주가연계예금(ELD : Equity Linked Deposit)이 있다. 이는 운용하는 주체에 따른 분류일 뿐 상품 구조는 모두 동일하다고 봐도 무방하다.

ELS는 장외파생상품 인가를 받은 증권사가 발행하며, ELF는 자산운용사가 ELS에 투자하는 상품을 말한다. ELD는 자금을 은행 예금에 넣은 뒤 여기서 나오는 이자를 주가연계증권에 투자하는 상품이다. ELD의 장점은 은행 상품이기 때문에 예금자보호법에 따라 원금을 보장받는다는 것이다.

보통 주가연계증권을 ELS라 부르므로 이를 중심으로 주요 특징을 살펴보자. 주가연계증권이란 특정 주식, 예를 들어 삼성전자의 가격이나 주가지수(코스피200 등)의 변동에 연계되어 투자 수익이 결정되는 유가증권을 말한다.

ELS는 특정 주식이나 코스피200 지수가 일정 수준 상승 또는 하락 시 채권이나 예금에 비해 높은 수익을 얻을 수 있어 저금리 기

구분	ELS	ELF	ELD
발행기관	증권사	자산운용사	은행 등 예금 취급기관
판매기관	증권사 등	증권사 등	은행 등 예금 취급기관
형태	유가증권	유가증권(수익증권, 주식)	정기예금
투자 방법	유가증권 매입	수익증권 매입	정기예금 가입
수익률	지수 변동에 따른 사전제시 수익률	운용 실적에 따른 배당	지수 변동에 따른 사전제시 수익률
원금 보장	사전 제시한 일정률 (0~100%)	보장 안 됨	보장됨
과세	전액 과세	배당 및 이자소득 과세	전액 과세

〔표 2〕 ELS, ELF, ELD 비교

조 아래 투자 대안으로 부상하였다. 이는 공모 또는 사모로 발행되는데, 사모형으로 발행되는 대부분의 ELS도 자산운용사의 ELF 또는 은행의 ELD를 운용 자산으로 활용되고 있어 증권사에서 발행되는 ELS의 많은 부분은 일반 개인투자자와 관련되어 있다.

④ ELS의 진화

주가연계증권은 증권사의 ELS보다 은행의 ELD가 먼저 도입되었으나, 후발주자인 증권사가 다양한 ELS 상품을 내놓으면서 시장을 주도하기에 이르렀다. 증권사가 발행한 ELS도 초기에는 원금 보장형으로 대부분 코스피200이 상승할 때 특정 수익률을 지급하는 구조로 ELD와 유사하였으나, 경쟁력 확보를 위해 최저 금리를 보장하면서 만기도 단기인 상품 개발을 통해 보수적인 예금 투자자를 ELS 시장으로 유도하였다. 그러다가 저금리 추세에 따른 고수익 상품 설계를 위해 원금 보장이 아니면서 개별 종목을 기초자산으로 하는 개별 주식 ELS가 발행되었으며, 최근에는 원금 손실이 가능하고 만기는 장기나 분기별로 특정 조건을 충족할 때 강제(임의)상환하는 중도상환 ELS로 발전하였다.

증권사가 주도하는 ELS는 저금리로 인한 투자자들의 고수익 상품 욕구 증대와 함께 주식시장 상승으로 대부분 조기상환에 성공하면서 단기 고수익 상품으로 인정받아 폭발적인 증가세를 보여왔다. KIS채권평가에 의하면 2005년 1월부터 2006년 3월까지 중도상환 및 만기상환이 이뤄진 1,653종목의 ELS 평균 수익률은

시기	2003년 상반기 → 2003년 하반기 → 2004년 상반기 → 2004년 하반기			
상품	주가지수 ELS	주가지수 ELS	개별주식 ELS	중도상환 ELS
주요 특징	1년	단기, 최저 금리	장기	장기(변동)
원금보장 여부	보장됨	보장됨	보장 안 됨	보장 안 됨

〔표 3〕 ELS의 진화

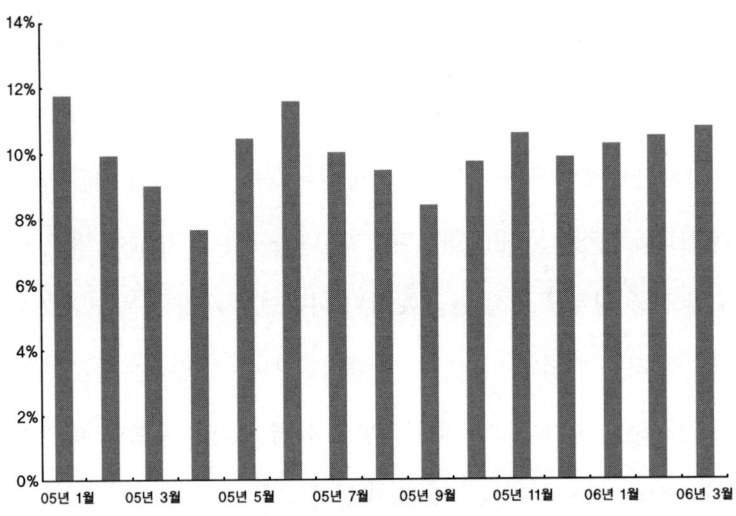

〔그림 3〕 월별 ELS 수익률(자료 KIS채권평가)

10.14%로 한국은행이 발표한 2006년 3월 정기예금 4.13%를 크게 웃도는 수준이었다. 이 같은 수익률은 저금리로 마땅한 운용처

를 찾지 못했던 투자자들에게 매력적인 수준이라 할 수 있다.

〔기사 1〕은 ELS가 리스크 성향이 중간 단계인 투자자들의 욕구를 충족하면서 2006년 들어 2조 원가량의 자금이 유입되었다고 전하고 있다.

조기상환율 95% … 올해만 2조 몰려

ELF 인기 비결

서울시 동작구 사당동에 거주하는 30대 중반의 직장인 이봉준 씨(가명). 이 씨는 지난해 11월초 현대차와 한국전력을 기초자산으로 하는 '투스타' ELF에 가입했다. 기초자산인 현대차와 한국전력 주가가 3년 후 만기일까지 40%이상 급락하지 않으면 원금보전이 가능하고 15% 이내로만 하락하면 6개월마다 연 11.6% 수익률로 6번 조기상환할 수 있다는 투자 조건이 마음에 들었다.

그는 지난해 11월초 8만 900원과 3만 3,700원이었던 현대차와 한국전력 주가가 6개월 후 각각 8만 1,900원과 4만 5,000원으로 상승하면서 지난 5월초 연 11.6%의 수익률로 조기상환 받았다.

이 씨는 조기상환자금을 새로운 '투스타' ELF에 재투자했다. 삼성전자와 하나금융지주를 기초자산으로 하는 '투스타' ELF에 가입한 것. 올 들어 주가 변동성 확대로 원금보전 가능성이 높고 가입시점 대비 기초자산이 15% 이내에서 하락한다면 연 11%로 조기상환할 수 있다고 판단, 과감히 재투자했다.

ELF시장에 급팽창하고 있다. 특히 기초자산이 두 개 종목으로 구성되는 '투 스타' ELF가 인기를 끌고 있다. 금융감독원에 따르면 지난해 12월 말 현재 누적 ELF는 935개. 수탁금액은 7조 2,135억 원이다. 올해 새로 설정된 ELF 수탁금액도 2조 원이 넘는다.

'투스타' ELF의 급성장은 '중도 성향' 투자자 공략에 성공했기 때문. 기대수익률과 위험수용도가 중간인 '미들 리턴, 미들 리스크'(Middle Return, Middle Risk) 투자자의 욕구를 충족시켜 단기간에 급팽창할 수 있었다.

남흥용 CJ자산운용 파생상품 운용팀장은 "채권과 주식의 장점을 두루 갖고 있어 중도성향의 투자자에게 적합하다"며 "주식시장이 상승세를 타면서 조기상환율이 95%를 넘었던 것도 급성장의 비결"이라고 밝혔다. 즉, 채권보다는 수익률이 높고 주식보다는 손실 위험이 적어 중도성향의 투자자들에게 인기를 끌었다는 분석이다. 특히 주식펀드는 무조건 주가가 상승해야 이익을 내지만 ELF는 가입시점 대비 15% 이하로 하락하면 6개월마다 연 10%대 수익률로 조기상환 가능한 점도 급성장 원인이다.

여기다 지난해 설정된 ELF는 주가상승에 힘입어 95% 이상 조기상환에 성공한 것도 ELF 시장 급팽창을 낳았다. 남 팀장은 CJ자산운용도 지금까지 누적 판매한 2조 원 중 95% 이상을 조기상환했다고 들려준다.

물론 ELD(주가연계예금) 판매에 치중하던 은행권이 원금손실로 투자자들의 항의를 받자 '평판 위험(Reputation Risk)'을 통제하기 위해 ELF 판매로 급선회한 것도 ELF 급성장을 가져왔다.

양봉진 한화투신 차장은 "동일한 상품구조이지만 '조기상환 지연'의 책임을 자산운용사로 떠넘길 수 있는 ELF 판매에 은행권이 적극 나서면서 시장규모가 급성장했다"고 인정했다.

최근 인기를 끄는 ELF는 기초자산이 2개 주식으로 구성되는 '투 스타 펀드'가 압도적이다. 삼성전자와 현대차, 삼성전자와 하나금융지주, 기업은행과 POSCO 등 2개 주식을 기초자산으로 하는 '투 스타' ELF가 다수를 차지하고 있다.

물론 초창기 인기를 끌었던 ELF 기초자산은 '코스피200'이었다. 2004년 8월 설정된 알리앙츠 자산운용의 '해피엔드 g-1'의 기초자산이 바로 '코스피200' 지수였다. 그러나 '해피엔드' 시리즈가 시장방향성 예측 실패로 조기상환이 늦어지자 2005년부터 '투 스타' ELF가 다수를 차지하고 있다.

'투 스타' 전성시대는 법적 마케팅 요인 등이 복합적으로 고려된 결과다. 현재 일반투자자용 '원 스타' ELF 설정은 법적으로 금지돼 있다. 분산투자 효과를 기대할 수 없다는 판단에서다. 여기다 자산운용사의 마케팅 전략과 조기상환율을 높여 투자자의 위험을 낮추려는 ELS 발행업체의 이해관계도 '투 스타' ELF의 대량 설정을 가져왔다. 일반적으로 기초자산이 많을수록 조기상환 조건을 충족할 확률이 낮아져 일반투자자의 관심을 끌기 어렵다.

그렇다고 무작위로 2개 주식을 '짝짓기' 하는 것은 아니다. 기초자산간 상관관계와 개별주식의 변동성 등을 종합적으로 고려한다. 이들 변수에 따라 조기상환 수익률에 차이가 나타난다. 가령 삼성전자와 신한지주를 기초자산으로 하는 SH투신의 '탑스 뉴 투 스타' 펀드의 조기상환 연수익률은 12%다. 반면 한국전력과 현대차를 기초자산으로 하는 우리자산운용의 '우리 투스타KH-1' 펀드의 연수익률은 15.5%다.

안종훈 한국운용 AI팀 차장은 "IT 등 변동성이 큰 종목일수록 조기상환 확률이 상대적으로 낮은 반면 조기상환 수익률은 높기 때문에 무조건 조기상환수익률이 높은 ELF를 선택해서는 안된다"며 "향후 주가전망과 투자성향에 따라 적합한 ELF를 골라야 한다"고 조언했다. [박영암 기자]

⑤ ELS 상품 구조

초기 ELS는 원금 보장이 가능한 반면 수익률이 매력적이지 못하였으나 최근에는 대부분의 상품이 어느 정도 위험을 감수하면서 수익률을 높였다. 최근에 많이 발행되는 ELS는 스텝다운(StepDown)형 ELS로, 기초자산은 2개의 개별 주식으로 하면서 조기상환 가능성을 높인 상품이다. 이러한 스텝다운형 ELS가 나온

배경에도 주목할 필요가 있다.

코스피지수가 2006년 5월 1450포인트를 고점으로 6월 1200포인트까지 약 한 달간 단기 급락하였고, 경기 둔화에 대한 경계의 목소리도 나오면서 기존 ELS의 조기상환 가능성이 낮아지자 스텝다운형 ELS를 발행한 것이다. 이는 파생결합상품이 투자자들에게 매력적인 수익률을 제공해야 생명력을 유지할 수 있다는 점과 함께 시장 상황에 따라 상품을 끊임없이 개선·발전시킬 수 있다는 장점도 보여준 사례라고 볼 수 있다.

〔그림 4〕에 나와 있는 스텝다운형 ELS를 보면서 상품 구조를 살펴보자. 〔그림 4〕 ELS의 기초자산은 삼성중공업과 현대제철이므로 기초자산이 2개의 개별 주식으로 되어 있다. 만기는 2년으로 장기 상품처럼 보이지만 6개월마다 조기상환의 기회가 부여되어 있어 실질적으로는 6개월로 볼 수 있다. 즉, 명목상의 2년 만기보다는 발행 후 6개월이 되는 시점의 주가 향방에 따라 조기상환이 결정된다는 것이다.

또한 스텝다운 방식이므로 기준주가는 6개월마다 낮아지고 있다. 즉, 6개월 되는 시점의 기준주가는 85%, 12개월 되는 시점의 기준주가는 80%로 점차적으로 낮아진다. 이렇게 기준주가가 낮아지는 것을 스텝다운형이라고 하며, 스텝다운 방식을 도입한 이유

	삼성중공업	현대제철	비고
기준주가	20,000원	33,000원	발행 시 기준주가
기준주가의 85%	17,000원	28,050원	
기준주가의 80%	16,000원	26,400원	조기상환의 기준주가
기준주가의 75%	15,000원	24,750원	
기준주가의 70%	14,000원	23,100원	
기준주가의 55%	11,000원	18,150원	하락 베리어 주가
기준주가의 110%	22,000원	36,300원	상승 베리어 주가

〔표 4〕 조기상환 및 상승(Upper), 하락(Down) 베리어 주가

는 조기상환율을 높이기 위한 방편이다. 발행 후 6개월 되는 시점에 삼성중공업과 현대제철의 주가가 기준주가의 85% 수준을 만족한다면, 다시 말하면 기준주가 대비 15% 이상 하락하지 않는다면 사전에 약정한 수익률을 지급하면서 조기상환이 되는 것이다. 만일 6개월 되는 시점에 기준주가의 85%를 만족시키지 못한다면 다시 6개월 후에 좀 더 낮아진 80%의 만족 여부를 따진다.

또한 〔그림 4〕의 ELS는 조기상환 조건이 하나 더 추가되어 있는데, 이것이 바로 상승 베리어(Upper Autocall Barrier)다. 이는 기초자산가격이 상승해 일정 수준을 넘어섰을 때, 즉 상승 베리어인

110%를 넘어서면 발행 회사가 자동적으로 콜(Autocall, 조기상환)
하겠다는 뜻이다. 이를 임의상환 또는 강제상환이라 하는데, 기초
자산가격이 상승 베리어를 넘어서면 발행사는 투자자에게 사전에
약정한 수익률을 지급하고 상품을 상환, 즉 조기상환하겠다는 말
이다.

삼성중공업과 현대제철의 기준주가가 각각 2만 원, 33,000원이
라면 조기상환 기준주가와 상승 베리어는 〔표 4〕와 같다. 조기상
환이 되었을 때 지급되는 수익률은 연 14.80%다. 여기에서 연 수
익률이라는 점에 주의해야 한다. 만일 6개월 되는 시점에 삼성중
공업과 현대제철이 기준주가의 85%를 만족해 조기상환된다면 투
자자는 14.80%의 절반인 7.4%를 지급받는다. 그리고 발행 후 6
개월 되는 시점에 조기상환이 되지 못하고 6개월 연장되어 기준
주가의 80%를 만족하면 이때는 14.80%를 지급받는 것이다. 결국
〔표 4〕에서 소개하고 있는 ELS는 기초자산의 주가가 10% 이상 상
승하였을 때 또는 15% 이상 하락하지 않을 때 조기상환이 가능한
것이다.

ELS 수익률에 대한 가장 큰 오해는 조기상환되지 않고 만기까지
연장될 때 수익률이 가장 좋지 않겠느냐 하는 점이다. 물론 단순하
게 생각하면 맞는 말이다. 〔그림 4〕의 그래프(수익곡선)를 보면 6개

월 조기상환을 했을 때 수익률은 7.40%, 12개월 조기상환 시 14.80%, 18개월 조기상환 시 22.20%, 24개월 만기 시 29.80%로 만기로 갈수록 수익률이 증가한다.

하지만 ELS는 조기상환이 연장될수록 투자자에게 불리하다. 만일 발행 후 6개월 되는 시점에 조기상환이 안 되고 6개월 연장되었다고 하자. 조기상환이 되지 않은 이유는 주가가 하락했기 때문일 것이다. 그런데 주가는 속성상 한 번 하락하기 시작하면 회복하기가 쉽지 않다. 다시 말하면 첫 번째 조기상환 조건을 만족하지 못하면 두 번째 조기상환 조건도 만족하지 못할 가능성이 크다는 말이다.

따라서 조기상환 조건을 만족하지 못하고 연장된다면 조기상환의 가능성은 그만큼 줄어든다는 뜻으로 받아들여야 한다. 스텝다운형이 조기상환의 가능성을 높였다는 말은 바로 여기에서 나왔다. 첫 번째 조기상환 기회를 놓쳤다 하더라도 두 번째 조기상환 가능성을 높이기 위해 기준주가를 내려주기 때문이다.

한편 ELS는 주가가 하락하면서 조기상환의 기회를 놓친다면 상당한 리스크에 노출될 수밖에 없다. 최근의 ELS는 수익률은 높인 대신 어느 정도 리스크를 감당하게 되어 있는데, 주가가 급락하면 '어느 정도의 리스크'가 상당히 치명적일 수 있다.

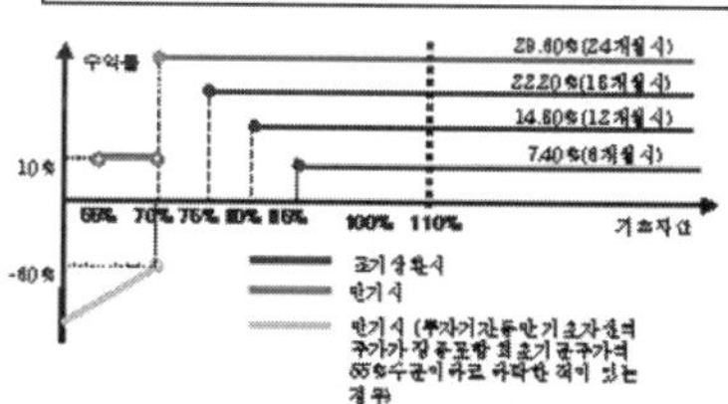

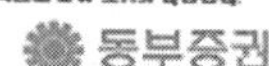

〔그림 4〕 ELS 상품 설명서

급성장 ELF '빛과 그림자' 〈4〉 조기상환의 허실
ELF, 낮지만 치명적 '실패 확률 5%'

지난 5월19일 여의도 자산운용협회 건물 3층 소회의실. 알리안츠자산운용이 2004년 8월초 설정한 '해피엔드 파생상품' ELF 투자자 10여명이 심각한 얼굴로 자리를 함께했다. 이들은 '수익자 총회'를 열어 '해피엔드' ELF 판매기관인 하나은행 등을 상대로 집단소송을 제기하는 문제를 논의하기 모였다. 하나은행 등에서 기초자산인 '코스피200'이 가입시점 대비 20% 이상 상승하면 손실을 볼 수 있다는 위험을 충분히 알려주지 않았다는 게 이들의 주장.

설정 이후 3번의 조기상환 기회를 상실한 '해피엔드'는 최근 95% 조기상환율을 자랑하는 ELF의 '5%' 리스크를 보여주는 대표적인 사례다. 기초자산의 변동성과 방향성이 '상식'을 뛰어넘을 때 발생하는 '투자 위험'을 상징적으로 보여주고 있다.

'해피엔드'는 코스피200지수 상승률이 기준시점 대비 연 10% 이내에서 상승 또는 하락할 경우 연 7% 수익률, 연 10%에서 연 20% 이내로 상승 또는 하락할 경우 연 9%의 수익률로 조기상환하는 구조였다. 대신 코스피200지수가 20% 이상 상승하거나 하락할 경우 손실을 보도록 설계됐다. '내수 침체 등을 감안할 때 6개월 만에 코스피지수가 20% 이상 상승하기 어렵다'라는 당시로는 지극히 '상식'적인 상품구조였다.

그러나 6개월 후 코스피200지수가 93에서 123으로 32% 급등하면서 원금 손실이 발생했다. 2005년 줄곧 상승장이 이어지면서 2005년 8월과 2006년 2월에도 조기상환 기회를 찾을 수 없었다. 조기상환 기회가 미뤄지면서 손실을 보고 환매하는 투자자들이 늘어났다. 설정당시 100억 원 규모였던 '해피엔드'는 중도환매 등으로 5월 24일 현재 57억 원으로 줄어들었다.

강영선 알리안츠자산운용 마케팅부장은 "당시 국내증시가 오랫동안 박스권에서 움직였기 때문에 코스피200지수가 6개월 안에 20%이상 상승할 가능성을 적게 봤다"며 "당시 박스권 등락을 예상한 투자자들에게는 적합한 구조였지만 판매 창구에서 '5%' 위험에 대해 충분히 주지시키지 못한 점이 아쉽다"고 말했다.

지난해부터 인기를 끌고 있는 '투스타' ELF 중에서도 1년 이상 조기상환하지 못하는 경우도 적지 않다. 대표적인 예가 삼성투신의 '투스타 파생상품 24'. 이 펀드는 삼성SDI와 LG전자 보통주를 기초자산으로 지난해 3월4일 설정됐다. 이 펀드는 설정일 대비 기초자산이 15% 이하로만 하락하면 6개월 후 연 10.5%의 수익률로 조기상환하는 구조다. 대다수 투자자들은 삼성SDI와 LG전자 주가가 6개월 안에 15% 이상 하락하지 않을 것으로 굳게 믿었다. 불행히도 LG전자 주가는 설정 후 6개월 동안 15% 이상 하락했다. 3월 초 7만 5,300원대 주가가 6개월 후인 9월 초 평가 시점에서 6만 2,400원대로 18%가량 떨어졌다. 올 3월 조기상환 평가 시점에서는 삼성SDI가 사고를 쳤다. 기준시점(12만 2,000원) 대비 3월 초 주가가 8만 5,000원으로 30% 이상 급락했다.

또한 최근 주가급락으로 지난해 11월 이후 설정됐던 '투 스타' ELF도 조기상환 확률이 낮아지고 있다. 특히 현대차 주가가 9만 5,000원대이었던 지난해 12월에 설정된 '투 스타' ELF의 조기상환이 지연될 가능성이 커지고 있다.

진형보 대투운용 투자공학팀장은 "원금을 100% 보전하기 위해 조기상환 수익률을 낮추도록 설계된 ELF도 있지만 현재 설정된 ELF는 은행 금리의 최소 2배 이상 수익률을 제공하기 위해 기초자산의 변동성이 높게 설계됐다"며 "개인들이 투자성향에 맞게 ELF를 선택하는 것도 필요하지만 판매 창구에서 원금손실 가능성을 충분히 주지시키는 것은 더욱더 중요하다"고 강조했다. 즉 최근처럼 기초자산의 주가가 급락할 경우 손실을 볼 수 있다는 것을 판매 창구에서 명확히 주지시켜야 한다고 주장했다.

ELF의 실적 부진에 따른 조기상환 지연 위험과 별개로 조기상환조건을 충족하더라도 원리금을 지급받지 못할 위험도 존재한다. 즉 ELF에 편입된 ELS 발행기관이 조기상환 원리금을 지불하지 못하는 '신용위험'도 무시하기 어렵다.

현재 국내 ELF의 편입된 ELS의 80%는 UBS, 도이치, 골드만삭스, 리먼브라더스, BNP 등 외국계 투자은행이 발행하고 있다. 국내증권사보다 신용등급이 높아 '부도 위험'이 적은 편이지만 '100% 안전'을 장담하기 어렵다는 게 금융당국자의 시각이다. 특히 최근 ELS 발행시장에 이전보다 신용등급이 다소 낮은 외국계 투자은행이 참여하고 있어 ELF 투자시 사전에 확인하라고 주문하고 있다. [박영암 기자]

〔그림 4〕의 ELS는 만일 투자 기간 동안 기초자산 중 하나라도 기준주가의 55% 수준〔이를 다운 베리어(Down Barrier)라고 표현한다〕 이하로 하락했을 경우 손실률은 엄청나다. 하락률에 따른 비율로 수익률이 결정되기 때문이다. 쉽게 말하면 기초자산이 되는 2개의 종목 가운데 반 토막 나는 종목이 있다면 ELS 가격도 반 토막 난다는 뜻이다. 이러한 경우가 발생한다면 원금 손실을 넘어 상당한 손실이 불가피하다.

보통 ELS의 조기상환을 언급할 때 95% 확률로 조기상환의 가능성이 있다고 말하곤 하는데, 이때 나머지 5%의 확률은 조기상환이 되지 못할 가능성이다. 그런데 이 5%의 확률이 현실화될 때 ELS 수익률은 대단히 치명적인 영향을 받게 된다. 〔기사 2〕의 제목과 같이 '낮지만 치명적 실패 확률 5%'가 ELS에 내재되어 있는 잠재적 리스크라는 점을 알아둬야 한다.

6 발행 증권사의 기능

ELS의 발행을 마쳤다고 이로써 증권사의 할 일이 끝나는 것은 아니다. 조기상환 가능성이 높은 기초자산을 선정하고(이를 ELS 설계라 한다), 가격을 결정(이를 ELS 가격 결정이라 한다)한 뒤 판매하고, 판매 이후에는 6개월 시점에 조기상환을 가정해 투자자에게 지급해야 할 돈을 마련해야 한다(이를 ELS 헤징이라 한다). 어찌 보면 지급 자금을 마련하는 것이 증권사의 능력이며, 수익의 원천이라 할 수 있다. 헤지를 적은 비용으로 효과적으로 한다면 증권사의 이익은 더욱 커지기 때문이다.

하지만 ELS 헤지에 실패한다면 발행 증권사는 손실을 본다. 조기상환이 결정됐다면 증권사는 당연히 지급해야 할 수익률, 앞의 사례에서는 연 14.80%를 지급해야 한다. 그런데 헤지를 통해 연 10.00%의 헤지 성과밖에 내지 못했다면 연 4.80%의 손실을 떠안아야 하기 때문이다. 사실 헤지라고 하지만 증권사 처지에는 자금 운용이라는 말이 더욱 타당할 것이다.

ELS의 발행 규모가 늘면서 이를 판매한 외국계 은행이 상당한 이익을 얻었다는 기사가 많은데, 이는 외국계 은행의 헤지(ELS 발행 자금 운용)와 위험관리 능력이 한발 앞서기 때문일 것이다. [기사 3]은 외국계 은행이 ELS 발행으로 많은 이익을 봤다고 전하고 있다. 하지만 최근 국내 증권사도 금융공학자, 헤지 트레이더 발굴에 적극 나서고 있는 등 ELS의 단순 중개를 넘어 헤지 능력을 높이려는 노력을 하고 있으므로 ELS의 경쟁력이 향상될 것으로 기대된다.

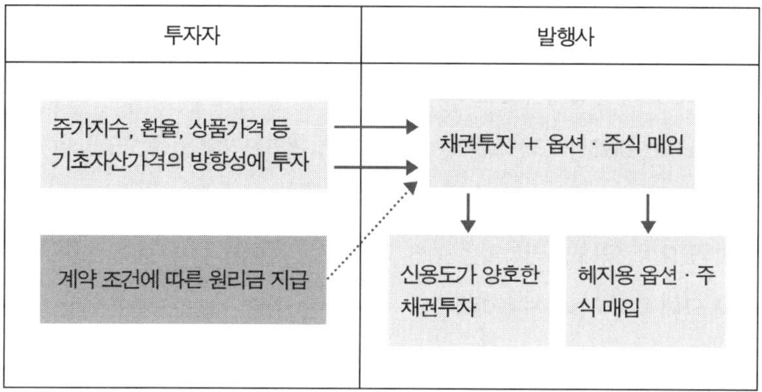

〔그림 5〕 ELS 발행 구조

〔기사 3〕〈중앙일보〉 2006년 3월 21일자

외국계 은행, ELS로 재미 봤다

시장 커져 발행 수수료로 6,000억 원 챙겨

국내사는 상품 개발 부진 – 판매에 주력

지난해 주가연계증권(ELS) 시장이 급성장하면서 ELS를 발행하는 외국계 투자은행(IB)들이 수천억 원의 수수료 수입을 올린 것으로 알려졌다. 국내 금융사들은 노하우 부족으로 ELS를 팔긴 많이 팔았지만 실속을 챙기지 못한 것이다.

20일 증권업계에 따르면 지난해 20조 원 규모로 성장한 ELS 시장에서 ELS를 만들어 국내 증권사에 판매해온 IB들이 발행액의 3% 수준인 약 6,000억 원을 수수료로 받아갔다.

ELS는 UBS와 모건스탠리, 바클레이즈, 리만브라더스 등 28개 세계 유명 IB들이 대우증권 · 삼성증권 · 한국투자증권 등 총 9개 증권사에 팔고 있으며, 국내 증권사들은 이를 직접 또는 은행이나 자산운용사를 통해 국내 투자자들에게 판매해왔다.

증권업계 관계자는 "제대로 된 ELS를 만들 수 있는 국내 증권사가 없다 보니 ELS 수수료의 대부분이 외국계 IB에 돌아갔다"며 '시장 관행에 따라 발행 규모의 3% 정도를 트레이더 및 세일즈 마진으로 챙긴 것으로 분석된다"고 말했다.

외환은행과 우리투자증권, 대우증권 등 일부 국내 증권사들도 ELS를 만들고 있지만 아직 초보 단계라는 게 업계의 설명이다. ELS를 만들려면 금융공학, 파생상품 등을 이용해 리스크를 최소화해야 하는데 국내 인력만으로는 역부족이라는 것이다. 최근 국내 일부 증권사와 은행 등이 직접 만든 ELS를 판매하다 큰 손실을 보고 판매를 포기하기도 했다.

대한투자증권 강창주 상품전략 본부장은 "외국 IB들이 장외파생상품 시장에서 일하는 국내의 젊은 인력들을 스카우트해가는 바람에 국내 증권업계의 ELS 경쟁력이 더욱 떨어지고 있다"고 말했다. [손해용 기자]

⑦ ELS 수익률과 리스크

ELS의 수익률은 전통적 예금, 채권에 비해 높은 것이 사실이다. 그러나 주식의 수익률과 비교하기에는 무리가 있다. 주식시장이 계속 급등한다면 ELS의 수익률은 주식에 훨씬 못 미칠 것이기 때문이다. 기초자산이 되는 주식이 아무리 급등하더라도 ELS는 사전에 제시한 수익률 이상 보상하지 않는다.

예를 들어 삼성중공업과 현대제철이 조기상환 시점에 120% 상승하였다고 하더라도 연 수익률 14.80%만 지급한다. 결국 기초자산인 삼성중공업과 현대제철의 상승률이 상승 베리어인 110% 이상은 필요하지 않다는 것이다. 하지만 주식시장은 늘 불확실성에 노출되어 있다. 주식시장의 상승을 장담할 수 없는 것이다.

만일 주식을 매수한 시점에 주식시장이 하락한다면 손실은 불가피하다. 하지만 ELS는 주식시장이 어느 정도 하락하더라도 채권, 예금에 비해 높은 수익을 보장한다.

예를 들어 어느 투자자가 삼성중공업과 현대제철을 매수했는데, 이들 주식이 10% 하락하였다면 투자자는 10% 손실을 고스란히 떠안아야 한다. 하지만 이들을 기초자산으로 하는 ELS는 15% 이상 하락하지 않는다면 연 14.80%를 보장한다. 따라서 ELS는 주식의 불확실성은 꺼리지만 채권 수익률 이상을 원하는 투자자에게 적합한 상품이다.

하지만 ELS도 치명적인 리스크를 갖고 있다는 사실을 간과해서는 안 된다. 주식시장이 ELS의 하락 베리어 수준을 위협할 만큼 급락한다면 ELS의 수익률도 감당하기 힘든 수준까지 내려갈 수 있다. 기대수익률은 시간에 대한 보상과 위험에 대한 보상의 합이라는 점을 다시 생각하자.

기대수익률 = 시간에 대한 보상 + 위험에 대한 보상

ELS의 수익률이 시간에 대한 보상인 무위험 수익률 이상이 된다는 말은 위험에 대한 보상이 포함되어 있다는 의미다. ELS는 무위험 수익률에 조기상환이 되지 못할 위험, 하락 베리어 수준 이하로 주가가 하락할 위험 등에 대한 보상을 더한 것이다.

[기사 4]는 코스피지수가 2006년 5월부터 6월까지 단기 급락하자 ELS 수익률에도 경고등이 켜졌다고 전하고 있다. 주식시장 하락으로 원금 손실 위험에 빠진 ELS가 속출한 것이다. 삼성SDI, LG필립스LCD, 기아차, LG전자, LG화학, 삼성전기 등이 급락하면서

이들을 기초자산으로 하는 일부 ELS의 경우 조기상환이 결정되지 못했고 만기일까지 일정 이상 주가가 상승하지 않으면 큰 손실도 불가피하다는 내용이다. 결국 무위험 수익률 이상을 제시하는 상품에는 위험에 따른 보상이 포함되어 있으므로 그 위험의 성격과 위험이 현실화될 가능성에 대해 항상 고려해야 한다.

〔기사 4〕 〈조선일보〉 2006년 6월 14일자

ELS가 어쩌다가…
주가 급락 따라 일부는 조기상환커녕 원금 걱정

특정 종목의 주가 흐름에 따라 수익이 결정되는 주가연계증권(ELS, Equity-Linked Securities)이 최근 주가 급락으로 수익률 전선에 빨간 불이 켜졌다. 일부 종목의 경우 주가가 원금 보장 마지노선 이하로까지 하락, 만기 때까지 주가가 다시 급등하지 않는 이상 큰 폭의 원금 손실이 불가피하게 됐다. ELS는 단기간에 안전하면서도 상대적으로 높은 수익을 지급해주는 상품으로 인식되면서 투자자들의 큰 인기를 끌어왔다.

◆ 원금 보장 가능성 높였지만 = 지난해 초부터 판매된 ELS는 상당수가 가입 이후 6개월마다 주가가 10~20% 이상만 하락하지 않으면 연 10% 내외 수익으로 조기상환되는 구조였다. 원금 보장 가능성도 크게

높였다. 조기상환 조건을 충족시키지 못한 채 만기가 되더라도 투자 기간 동안 주가가 40% 이상 하락한 적이 한 번도 없으면 원금이 보장되도록 설계됐다. 판매사들은 우량 종목을 기준으로 하기 때문에 주가가 40% 이상 하락하기 힘들다며 사실상 원금 보장상품으로 팔아왔다.

◆ 조기상환은커녕 원금 걱정해야 할 판 = 그러나 5월 이전만 해도 조기상환이 잇따르던 ELS는 5월 중순 이후부터 주가가 급락하며 상황이 급변했다. 대신증권이 지난해 12월 말 기아차와 국민은행을 기초 자산으로 발행한 ELS는 오는 26일 첫 조기상환 기회가 돌아오지만 사실상 물 건너간 상태다. 두 종목 모두 15% 이상만 하락하지 않으면 연 14%의 수익률로 조기상환되도록 설계됐지만 이사이 기아차 주가가 크게 하락했기 때문이다.

게다가 기아차 주가는 한때 원금 보장 마지노선인 40% 이상 하락, 조기상환 조건(가입 시점 주가의 85% 이상)까지 주가가 다시 반등하지 못하면 원금 손실을 보게 됐다.

지난해 2~4월 삼성SDI가 기초 자산으로 설정된 ELS도 원금 보장 마지노선 이하까지 하락하는 상품이 속출하고 있다. 기아차와 삼성SDI ELS를 편입한 주가연계펀드(ELF) 역시 마찬가지다. 가입 시기에 따라 다르지만 LG전자, LG필립스LCD, 한진해운, S-에 등을 기초 자산으로 한 ELS도 원금 보장이 위험한 수준까지 주가가 하락한 상태다.

◆ 환매도 어렵다 = 투자자들은 만기 때까지 주가가 다시 반등하기를 기대하는 수밖에 없다. 중도 환매할 경우 현재 주가 하락 수준보다 더 적은 원금밖에 돌려받지 못하기 때문이다.

대한투자증권 강창주 상품전략 본부장은 "종목에 따라 다르지만 국내 증시 흐름상 3년 정도면 어느 정도 주가 회복을 기대할 수 있다"며 "만기 때까지 참고 기다리는 게 유리하다"고 말했다. 또 ELS에 관심이 있는 투자자라면 높은 수익률만 좇기보다는 기초 자산 종목의 현재 주가 수준과 앞으로 전망을 꼼꼼히 살핀 뒤 가입해야 한다. [전수용 기자]

8 파생결합상품 전망

잠재적인 위험이 있지만 파생결합상품은 앞으로 더욱 진화하고 발전할 것으로 보인다. 2008년 시행 예정인 자본시장통합법, 정부의 동북아 금융허브 구상 등은 파생결합상품의 발전 토대가 될 것이다. 자본시장통합법은 금융 업종 간 장벽을 허물어 투자자에게 유리한 금융상품을 개발할 능력이 있는 금융기관이 우월한 지위를 차지할 수 있는 환경을 마련해주고, 이에 따라 금융기관은 기존 상품의 한계를 극복한 매우 다양한 상품을 만들 것이다.

또한 파생결합상품의 기초자산도 주가, 금리, 환율, 상품 외에 날씨, 기업의 부도(파산) 등 범위가 더욱 넓어질 것이다. 아마도 금융공학의 발전으로 단 한 명의 개인투자자를 위한 맞춤형 상품도 출시될 가능성이 있다.

물론 이러한 파생상품의 발전을 경계하는 목소리도 있다. 일부 비판론자들은 파생상품 시장을 복잡하고 높은 수준의 레버리지(Leverage) 거래로 이뤄지는 대규모 도박판으로 본다〔파생상품, 금융공학 발전에 대한 비판은 프랭크 파트노이(Frank Partnoy)의 《전염성 탐욕(Infectious Gree) : 기만과 위험의 금융 활극과 시장의 부패》를 참조하기 바란다. 미국 샌디에이고대학교 법대 교수인 저자는 이 책에서 오늘날 금융 수단(금융상품)이 더욱 복잡해지고 지하화되고 있으며, 특히 기업·금융기관들이 이익을 조작하고 규제를 회피하기 위해서 금융공학을 적극적으로 활용한다고 비판하고 있다〕.

이들은 시장참여자 가운데 한 명의 대형 플레이어(Player)의 파산으로 인한 지급불능 상태가 시장 전체의 혼란으로 이어질 수 있다고 경고한다. 이러한 걱정을 단순한 기우라고 볼 수는 없다. 예를 들어 ELS 등 파생결합상품 시장을 선점하고 있는 대형 증권사가 지급불능 상태에 빠진다면, 이 증권사와 관련이 있는 다른 증권사, 자산운용사, 판매사 등도 동시에 심각한 타격을 받을 것이다. 모든 상황이 좋을 때는 레버리지를 이용한 거래가 리스크에 노출된 자금 규모보다 큰 이익을 가져다준다. 하지만 시장 상황이 불리한 방향으로 움직이면 매우 큰 손실이 발생하기도 한다.

그러나 이러한 비판에도 금융공학을 활용한 파생결합상품의 진화가 계속 이뤄질 것으로 전망되는 이유는 파생상품이 실보다 득이 많기 때문이다. 전 FRB 의장이었던 그린스펀을 포함한 다른 전문가들은 파산 위험은 무시할 정도로 작다고 주장한다.

다시 말하면 파산 위험에 따른 비용이 파생상품의 존재로 인해 은행, 기업, 투자자들이 얻을 수 있는 혜택보다 작다는 말이다. 어떤 사람은 파생상품을 금융상품을 구성하는 기본 단위, 금융의 반도체라고까지 주장한다. 전자제품에 반도체가 필수적으로 장착되듯이 향후 파생상품은 금융상품을 구성하는 기본 단위가 될 것이라는 말이다.

금융상품이 더욱 다양하고 복잡한 상품으로 진화한다면 투자자에게는 상품의 수익과 리스크를 판별하는 능력이 한층 더 필요할 것이다. 단순한 상품은 수익과 리스크를 직관적으로 판단할 수 있다. 하지만 파생상품이 결합된 복합금융상품의 경우, 내재된 리스크를 판단하기가 쉽지 않다. 정상적인 상황에서는 사전에 제시하는 수익률을 보장하지만 비정상적인 상황에서는 최악의 수익률을 고려하지 않을 수 없기 때문이다.

〔기사 5〕의 내용처럼 파생결합상품에 내재되어 있는 리스크는

투자자뿐만 아니라 상품을 판매하는 금융기관의 창구 직원도 정확히 파악하지 못하고 있는 것이 현실이다. 물론 점차 교육이 이뤄져 판매 직원의 이러한 문제점은 개선되겠지만, 어느 물건이든 상품을 판매할 때는 나쁜 점보다 좋은 점을 더 부각한다는 속성을 고려하면 무엇보다 스스로 금융 지식을 쌓는 것이 바람직하다.

앞에서 여러 차례 강조했듯이 기대수익률에는 시간에 대한 보상인 무위험 수익률에, 위험에 대한 보상이 더해져 있다. 이러한 사실은 아무리 복잡한 파생결합상품을 설계한다 할지라도 거스를 수 없는 진실이다. 따라서 금융기관에서 무위험 수익률에 비해 높은 수익률을 제시한다면 그 상품에 내재되어 있는 리스크를 꼼꼼히 따져보는 자세가 필요하다.

ELS 고수익 소문에 10조 원 넘게 몰렸는데
묻지마 투자 80% … 어쩌려고

주가연계증권(ELS)에 뭉칫돈이 몰리고 있다. 투자 열기와 관심은 지난해 주식형 펀드 붐을 뛰어넘는다. 올 상반기 쏟아진 ELS 상품만 1,500여 개, 반년 새 쏠린 돈만 10조 원을 훌쩍 넘는다. 금융가에선 ELS 덕분에 금융 선진국들 얘기로만 여겨지던 '파생금융상품 투자시대'에 성큼 들어섰다는 얘기도 나온다. 그러나 우려의 목소리도 크다. 위험은 뒷전인 채 수익률만 좇는 이른바 '묻지마 투자'에 대한 염려다. 본지 설문 결과 투자자 열 명 중 여덟 명은 ELS가 뭔지도 모르면서 돈을 넣고 있었다. 이제 막 꽃 피우기 시작한 파생금융상품 투자, 그 선두주자 격인 ELS는 첫 단추를 제대로 끼우고 있는 것일까.

주가연계증권(ELS)은 원금 손실 우려가 있는 투자상품이다. 최근 증시 급락으로 원금 손실을 떠안을 위험에 처한 ELS들도 크게 늘었다. 하지만 '괜찮다' 하는 상품이 나오면 청약률이 10대 1을 넘을 정도로 '묻지마 투자'가 여전하다. 돈 굴릴 곳이 마땅찮은 투자자와 투자자를 잡아둘 상품이 마땅찮은 금융회사 간에 이해가 딱 맞아떨어진 덕분이다.

한국펀드평가 김휘곤 팀장은 "펀드와 더불어 파생상품에 대한 투자자 교육이 강화되지 않으면 이제 막 자리를 잡아가는 파생상품 투자 외면과 시장 위축 등 후유증이 만만치 않을 것"이라고 경고했다.

◆ 투자는 폭증하는데 = 올 상반기 ELS에 몰린 돈은 주식형 펀드 수
탁액 증가세(상반기 13조 7,000억 원)에 버금간다. 3일 금융감독원에 따르
면 올 들어 5월 말까지 ELS에 몰린 돈은 총 9조 원. 특히 증시 급락으
로 주식형 펀드가 주춤했던 5월에만 한꺼번에 2조 5,800억 원이 몰렸
다. 6월 판매분까지 감안하면 올해 상반기에만 ELS에 몰린 돈은 11조 원
을 훌쩍 넘어설 전망이다. 매달 쏟아지는 ELS상품만 평균 200개가 넘
을 정도다. KIS채권평가 정은경 연구원은 "올 초 펀드 수익률이 뒷걸음
치는 동안 ELS는 연초 안정적인 수익과 조기 상환 등의 강점이 부각되
면서 대폭 늘었다"고 말했다.

◆ 상품 이해도는 바닥 = 직장인 김모(30·여) 씨는 지난해 10월 가입
한 ELS만 떠올리면 부아가 치민다. '연 8%대의 수익을 보장한다'는 창
구 직원 말만 믿었다가 되레 적지 않은 손해만 떠안게 될 판이기 때문이
다. 이처럼 ELS에 대한 일반 투자자의 '오해'와 '정보 부족'은 생각보다
심각하다. 본지가 ELS 등 파생금융상품에 관심이 있는 20~50대 남녀
직장인 243명을 상대로 한 면접 설문조사 결과 "ELS을 포함한 파생금
융상품이 뭔지 잘 모른다"는 응답이 80%를 웃돌았다("전혀 모른다"
49.8% 포함). "파생금융상품을 잘 알고 있다"는 응답은 3.3%에 그쳤다.

ELS 투자자들도 비슷했다. ELS 가입자 중 "어떤 방식으로 수익을 내
는지 안다"고 답한 이는 10명 중 2명도 안 됐다. "파생상품 가입 전에
충분히 설명을 들었다"고 답한 이 역시 7.4%에 불과했다. 심지어 ELS
투자자의 절반 이상(53.8%)은 "원금 손실 등 투자 위험이 따른다"는 사실

조차 모른다고 답했다.

◆ 전문가도 잘 모른다 = 선진 금융사에 비해 크게 떨어지는 파생상품 기획과 설계 능력도 문제다. ELS는 현재 미래에셋, 삼성, 우리증권 등 10개 증권사가 판매권을 갖고 있다. 하지만 대부분 외국계 증권사가 설계한 상품을 들여와 판다. 이 때문에 일각에선 국내 증권사들이 '재주는 곰(국내 금융사)이 넘고 돈은 딴 쪽(외국계 증권사)이 챙긴다'는 비아냥도 흘러나온다. 한 증권사 임원은 "첫 도입 때보다는 자체 설계 ELS가 많이 늘긴 했지만 요즘도 외국계 증권사에 지불하는 ELS 관련 수수료가 수백억 원에 이를 것"이라고 말했다.

※ ELS = 투자금의 90%가량을 안전한 채권에, 나머지 자산을 워런트(Warrant) 등 파생상품 등에 투자해 수익을 내는 파생 금융상품. 보통 '시중은행금리 + α'가 적정 기대수익률이다. [표재용 기자 / 손해용 기자 / 고란 기자]

금융시장 흐름 읽는 법

초판 4쇄 발행   2011년 4월 20일

지은이   지승훈
펴낸이   박종홍
펴낸곳   이코북

기획편집   박윤희
표지디자인   김경진
본문디자인   유현희
교정 및 교열   배전미

주소   서울시 관악구 봉천4동 865-2 세종오피스텔 902호
전화   02) 335-6936
팩스   02) 335-0550
이메일   ecobook@paran.com

ISBN   978-89-90856-18-0 (13320)

값 13,000원

잘못된 책은 구입하신 서점에서 교환해 드립니다.